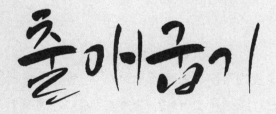

출애굽기

출애굽기를 알면 인생의 길이 보인다

서 문

  유대인들은 성경을 배울 때에 가장 먼저 '레위기'를 배웁니다. 그러
나 그리스도인들에게 있어서는 '출애굽기'가 성경에 대한 입문에 가장
적합합니다. 이는 죄된 인간에 대한 '하나님의 구속사'가 가장 선명하
며 더 나아가 '믿음의 여정'을 이해하는데 탁월한 오리엔테이션을 담고
있기 때문입니다.

  출애굽기를 자세히 이해하기 위해서는 먼저 다음의 두 가지를 염두
하여야 합니다.

  첫째, 출애굽기의 이야기는 단순히 한 민족의 애굽으로부터 해방을
그린 '역사 이야기'가 아닙니다. 하나님께서는 한 민족 이스라엘을 통
해서 온 인류가 죄악에 사로잡힘과 그로부터의 참된 '구원의 이야기'를
전해 주십니다. 이는 구속에 대한 선명한 그림이 됩니다. 요셉으로 말
미암아 애굽으로 내려갔던 야곱의 가족이 갑자기 종으로서 출애굽기에
서는 등장합니다. 하나님의 형상을 입고 창조함을 받은 인류가 어느 순
간 죄의 종이 되어 살아간 것입니다. 곧 출애굽의 이야기는 한 민족의
이야기가 아닌 모든 인류를 향한 '구원의 말씀'입니다.

  둘째, 출애굽기의 주된 내용은 애굽에서 나오는 이야기가 아닙니다.

그것은 또 다른 목적을 향한 시작에 불가합니다. 출애굽기는 애굽에서 나오는 '출애굽의 이야기'(1-12장)와 시내산에 이르기까지의 '광야의 이야기'(13-18장)와 시내산에서 언약이 체결된 하나님의 백성의 '말씀의 이야기'(19-24장)와 '성막 이야기'(25-40장)로 나누어져 있습니다. 곧 출애굽의 목적은 세상과 죄로부터의 구원이 아닌 하나님을 향한 구원입니다. 이는 '믿음의 여정'이 무엇인지를 가르칩니다.

이제 출애굽기를 공부함은 우리들에게 다음과 같은 세 가지 유익함을 줄 것입니다.

첫째, 성경의 '스피릿'을 알게 될 것입니다. 성경을 안다고 하여서 성경을 안다고 할 수 없습니다. 왜냐하면 성경을 안다는 것은 단순히 성경을 지식적으로 아는 것이 아니라 성경의 스피릿을 아는 것이기 때문입니다. 성경의 정신을 알지 못하고 가치와 철학을 이해하지 못하고 표면적인 성경을 지식적으로 아는 것은 성경을 아는 것이 아닙니다. 그러므로 출애굽기를 공부함에 있어서도 단순한 지식을 아는 것이 아니라 그 이면의 스피릿을 아는 것이 중요합니다. 출애굽기를 공부함에 어떠한 성경적인 지식을 얻는 것에 만족할 것이 아니라 그 이면의 정신을 앎에 가치를 두어야 할 것입니다.

둘째, 인생의 어려움에 대한 이해와 극복에 도움을 줄 것입니다. 한치 앞을 알 수 없는 것이 인생이지만 인생의 의미와 목적을 알 수 없는 것은 아닙니다. 여행의 즐거움을 얻기 위해서는 여행지에 대한 정보를 알고 있어야 합니다. 여행지에 대한 정보 없이 여행을 하게 되어지면 고생만 하게 되고 그저 자기만족 정도의 초라한 여정을 보내게 됩니다. 그러나 여행지의 정보를 알게 되면 더 분명한 계획 속에서 의미 있는 여행을 할 수 있습니다. 출애굽기를 알면 인생이 보입니다. 우리는 인생의 의미와 목적을 알 수 없는 것이 아닙니다. 인생의 의미와 목적은 성경을 통해서 알 수 있습니다. 하나님께서는 인생을 경영하십니다. 하나님의 형상으로서 대행자로, 얼굴로 삼으시기 위하여 인생을 경영하십니다. 이를 이해하게 될 때에 우리는 환난과 고난을 단순한 괴로움으로 여기는 것이 아니라 하나님께서 나를 만드시는 섭리로 받아들일 수 있게 됩니다. 인생을 바라보는 새로운 눈이 떠지게 되는 것입니다. 출애굽기를 공부하는 두 번째 이러한 유익은 우리의 삶의 고난과 환난을 스스로 해석할 수 있는 능력을 얻게 되는 것입니다.

셋째, 환난을 극복하는 것이 목적이 아닌 하나님께서는 우리를 경영하시는 구원 경영에 있어서 우리의 현 위치와 앞으로 나아갈 바를 앎으로 우리의 '신앙적 도약'에 도움을 줄 것입니다. 높은 산을 오르기 전에 먼저 확인하게 되는 두 가지는 자신의 목적지와 현 위치입니다. 구원의 목적과 현 위치를 확인하여야 합니다. 구원의 과정은 우리들로 하여금 구원의 현 위치를 알게 합니다. 구원은 신앙의 목적이 아닌 시작입니다. 하나님께서는 우리들에게 생명을 주실 뿐만 아니라 풍성함을 목적으로 하십니다. 하나님께서 우리들에게 주시는 생명은 은혜로 얻을 수 있는 것이지만 온전한 통치와 다스림의 삶을 살기 위해서는 성숙해 나아가야 합니다. 그러므로 우리는 영생을 우리들의 삶의 목적으로 삼을 것이 아니라 하나님의 대행자로, 얼굴로 살아가기 위하여 성숙을 위하여 힘써야 할 것입니다.

깊고 튼튼한 기초는 높고 견고한 건물을 세움에 유익합니다. 출애굽기는 이러한 사명을 가집니다. 출애굽기에 나타난 '구속사'와 '믿음의 여정'은 '구원'과 '구원 그 이후'의 삶이 무엇인지를 보임으로 믿음의 근거를 제시하며 더 나아가 참된 믿음의 삶으로 견인할 것입니다.

차 례

출애굽기의 구조

구원(1-12장)											
애굽에서 시내산까지(1-18장)											
애굽						광야					
은혜						광야 훈련					
억압받는 이스라엘	모세의 출생과 성장	모세를 부르심	모세와 바로와의 대면	10가지 재앙	유월절 규례	신앙의 오리엔테이션	홍해도하	수르광야—마라의 쓴물	신광야—만나와 메추라기	르비딤①—맛사와 므리바	르비딤②—아말렉과의 전투	르비딤③—모세의 장인의 방문
1장	2장	3—4장	5—6장	7—11장	12장	13장	14장	15장	16장	17장	18장

구원 그 이후(13-40장)														
시내산 도착 이후(19-40장)														
시내산														
말씀 훈련				예배 훈련										
시내산 언약의 준비	십계명	시민법	시내산 언약의 체결	법궤 속죄소 진설병상 금등대	성막 널판 휘장	번제단 성막뜰	제사장 성의	제사장 위임식에 대한 지침	금향단 물두멍 관유 향	성막 제작자	금송아지 우상숭배	모세의 중보	언약의 갱신	성막 건축
19장	20장	21-23장	24장	25장	26장	27장	28장	29장	30장	31장	32장	33장	34장	35-40장

9

출애굽기

제1부

은 혜
(1-12장)

01

억압받는 이스라엘
1장 1~22절

Key Point

이스라엘 백성들은 애굽 땅에서 잠시의 축복을 받지만 400년 동안 억압을 받았습니다. 이는 마치 하나님의 형상의 축복을 받고도 죄로 말미암아 타락한, 세상에서 종으로 살아가는 인류와 같습니다. 그러나 이러한 억압에도 불구하고 하나님께서는 이스라엘 자손으로 하여금 더욱 창성하고 강대하고 온 땅에 가득하게 하셨습니다. 이스라엘 자손이 받은 억압에도 불구하고 그들에게 하나님의 은혜와 섭리가 있었습니다.

본문 이해

■ 출애굽기의 4가지 기둥

출애굽기는 구조적으로 크게 네 부분으로 나누어집니다[1]. 1-12장, 13-18장, 19-24장, 25-40장입니다. 이는 출애굽기의 4가지 큰 기둥으로 '은혜, 광야, 말씀, 예배'에 관하여 알게 합니다.

먼저 1-12장은 장소적으로 애굽을 배경으로 하며 유월절로 그 절정에 이르게 됩니다. **첫 번째 기둥**이 되는 **'은혜'**는 구원에 관한 가르침이 됩니다. 다음으로 13-18장은 광야를 배경으로 하며 출애굽과 시내산에 이르기까지 광야 훈련에 관하여 전합니다. **두 번째 기둥**이 되는 **'광야'**는 인생의 어려움을 연단과 훈련의 과정으로 승화시킵니다. 이는 인생에 대한 새로운 안목을 열어주는 것입니다. **세 번째 기둥**은 **'말씀'**입니다. 19-24장은 시내산을 배경으로 하여 십계명으로 중심으로 한 말씀에 관하여 전합니다. 이는 말씀의 채움과 더 나아가 교통과 교제를 가능케 합니다. 마지막 25-40장은 성막 건축에 관한 말씀입니다. 이는 **네 번째 기둥**으로 **'예배'**에 관하여 알게 합니다. 예배에 대한 구체

---

1) 더햄(J.I.Durhan)은 출애굽기의 구조를 장소적인 측면에서 세 부분으로 나누었습니다(J.I.Durham, 『출애굽기』(서울:솔로몬, 2000), 38쪽.). 제1부: 애굽에서의 이스라엘(1:1-13:16), 제2부: 광야에서의 이스라엘(13:17-18:27), 제3부: 시내 반도에서의 이스라엘(19:1-40:38). 그러나 본 책에서는 장소적인 이러한 간략한 구분에도 불구하고 출애굽기가 가지고 있는 교훈과 주제라는 측면에서 4부분으로 나눕니다.

적인 말씀은 레위기로 넘어가며 출애굽기의 네 번째 기둥은 성막의 건축으로서 예배에 대한 하드웨어적인 건축이 되는 것입니다. 더 나아가 이와 같은 출애굽기의 구조와 진행은 성막에서의 진행과 동일함을 보게 될 것입니다.

■ 출애굽기의 구조 이해

다음의 도표를 아는 것은 출애굽기 전체를 이해하는 데에 큰 도움을 줄 것입니다. 도표와 함께 출애굽기의 구조를 살펴보시기 바랍니다.

출 1–12장	출 13–18장	출 19–24장	출 25–40장
뜰[2]		성소	지성소
번제단	물두멍	등대/떡상/향단	법궤
피[3]	물	성령	
은혜	자기부인/비움	공급/채움	교통
은혜[4]	사랑	교통	
유월절	무교절	오순절	초막절

출애굽기는 사실상 성경의 첫 번째 책이라고 할 수 있습니다[5]. 창세기가 창조와 근원에 관하여 말씀하신다면 보다 많은 주제로 '구원'과 '믿음의 여정'에 관한 모습을 보여 주고 있는 것입니다. 유명한 영국의

---

2) 출애굽기의 구조는 단지 출애굽기만의 말씀이 아닌 성막의 구조, 성막의 기구적 구분, 절기적인 구분까지도 함께 담고 있습니다.
3) 요한일서 5장8절
4) 고린도후서 13장13절, 성부 성자 성령의 삼위일체적인 구분
5) J.I.Durham, 『출애굽기』, 24쪽.

성경 주석가인 매튜헨리는 그의 출애굽기 서문에서 신약성서와 구약성서를 가장 잘 이해할 수 있는 책은 출애굽기라고 하였습니다. 이제 이러한 가치와 기대와 설레임으로 출애굽기를 열 수 있을 것입니다.

■ 구원은 '회복'입니다.

출애굽기 1장은 전체 출애굽기의 서두로서 출애굽 하기 전에 이스라엘에게 놓여진 정치적 상황에 관하여 알게 하여줍니다. 그들은 분명히 종으로서 애굽에 내려온 것은 아니었습니다(1-7절). 그러나 그들은 한 순간에 종이 되고 맙니다(8절). 이는 하나님의 형상으로 지은 받은 인생이 한 순간에 종으로 추락한 모습을 확연하게 보여줍니다. 단지 한 사람 아담이 아닌 아담 안에서 모든 이스라엘이 종되었음을 출애굽기의 서두는 우리들에게 보여주는 것입니다. 출애굽기는 구원에 관한 말씀입니다. 이 구원은 종이었던 이스라엘의 구원이 아닌 종이 된 이스라엘의 구원입니다. 구원은 이러한 의미에서 '회복'이 됩니다.

■ 구원은 '과정'입니다.

또한 이스라엘의 구원은 구원의 과정과 목적이 있음을 보여줍니다. 12장의 유월절 경험과 14장의 홍해 도하와 15장 이하의 광야 경험과 19장의 시내산 경험 등은 구원의 과정이며 구원의 목적을 향한 것입니다. 구원은 이원론자들이 주장하는 영혼의 구원이 아닌 과정이며 성숙입니다. 구원은 이원론자들이 주장하는 바와 같이 죄된 몸의 속박으로서의 해방이 아닙니다. 기독교의 구원은 영혼의 구원의 아닌 몸의 구원입니다. 더 나아가 구원은 한 순간 이루어지는 은혜의 사건임과 동시에 지속적으로 이루어지는 구원의 과정입니다. 우리는 너무나 깊이 있게 구원에 관하여 영혼의 구원으로만 세뇌되어 있습니다. 이러한 치우친 구원관은 성숙과 과정으로서의 구원에 대하여 무지하며, 무관심하며, 게을리합니다(빌 2:12). 곧 출애굽기의 구조와 진행은 하나님의 형상으로서, 하나님의 얼굴로서, 하나님의 대행자로서의 구원의 과정과 목적이 있음을 알게 하는 것입니다.

■ 구원은 '하나님의 은혜'입니다.

마지막으로 출애굽기 1장에서는 하나님의 은혜가 있음을 알게 합니다. 하나님께서는 비록 이스라엘이 애굽의 종이 되어 신음하였지만 그들을 지키셨습니다. 그들이 더욱 번성하여짐은 이를 알게 합니다. 또한 그들은 분명한 위기 가운데 있었으나 하나님께서 산파 십브라와 부아와 같은 조력자들을 통하여 돕고 계심을 보게 됩니다. 이처럼 하나님께서는 그의 백성들과 어떠한 상황이라 할지라도 함께 하고 계심을 알아야 할 것입니다. 고난 속에라도 여전이 은혜가 있는 것입니다. 구원은 하나님의 찾아오심입니다. 구원은 사람의 행위에 의한 사건이 아닌 하나님의 은혜의 사건입니다. 사람의 구원에 대한 모든 동기는 사람에게 있지 않고 하나님께 있으며 마치 존재하지 않았던 사람을 하나님의 형상을 따라 지으셨듯이 하나님께서는 죄된 인생에게 유월절에서 예표되어진 십자가의 구속으로 말미암아 새로운 시작이라는 선물을 허락하신 것입니다. 이는 전적인 하나님의 은혜입니다. 그러므로 모든 성도의 시작은 은혜로부터 시작하는 것입니다.

■ 출애굽기 1-12장의 구조적 이해
 출 1:1-22: 억압받는 이스라엘
 출 2:1-25: 모세의 출생과 성장
 출 3:1-4:31: 모세를 부르심
 출 5:1-6:30: 바로와의 대면
 출 7:1-11:10: 10가지 재앙
 출 12:1-51: 유월절 규례

■ 출애굽기 1장의 구조적 이해
 출 1:1-7: 이스라엘의 애굽 이주
 출 1:8-14: 억압받는 이스라엘
 출 1:15-22: 히브리 산파 십브라와 부아의 믿음

1. 출애굽기의 시작은 창세기의 마지막과 연결되어 있습니다(1-7절).
1) 애굽에 이주한 야곱의 권속들을 살펴봅시다(1-5절).
 출애굽기 1장5절은 야곱과 함께 애굽에 이른 이스라엘 자손들이 70
명이라고 증언합니다(창 46:26-27 c.f. 행 7:14의 스데반의 설교에서
는 75명).

2) 아브라함과 이삭과 야곱에게 약속하신 하나님의 언약은 어떻게 성

취되었습니까?(7절)

하나님께서 아브라함과 이삭과 야곱에게 약속하신 바와 같이, 이스라엘 자손은 생육하고 불어나 번성하고 매우 강하여 온 땅에 가득하게 되었습니다.

2. 요셉을 알지 못하는 새 왕이 일어남을 통하여 이스라엘은 전혀 다른 환경에 놓이게 됩니다(8-14절).

1) 요셉을 알지 못하는 새 왕은 어떠한 왕입니까?(8절)

출애굽기 1장 8절, 사도행전 7장 18절이 증거 하는 바와 같이 애굽에는 요셉을 알지 못하는 새 왕이 왕위에 등극하게 됩니다[6]. 15왕조부터 시작된 힉소스 왕조는 무너지고 함족 계통에 의해 18대 왕조가 시작되었습니다. 그 이전의 왕조에서 이민족이 다스림에 반발해 매우 국수주의적인 18왕조가 세워졌으며 18왕조의 첫 번째 왕인 아하모스, 두 번째 왕인 아멘호텝 1세에 이어 요셉을 알지 못하는 새 왕은 세 번째 왕인 투트모스 1세로 추정되어집니다[7].

---

6) 요셉푸스는 요셉이 총리에 오를 수 있었던 것은 이방인에게 우호적인 힉소스 왕조 때문이라로 하였으나 힉소스 왕조는 15왕조-17왕조로 요셉이 활동하였던 12왕조와는 연대상 거리가 있습니다.

7) 요셉을 알지 못하는 새 왕에 대한 다양한 견해가 존재함을 밝힙니다. 유력한 견해들로서는 아멘호텝 2세(이상근, 『출애굽기』(서울: 성근사, 1990), 8, 20쪽)의 견해와 라암세스 2세(M. Noth, 『국제성서주석: 출애굽기』(서울: 한국신학연구소, 1981), 25-26쪽)의 견해 등이 존재하나 여기에서는 투트모스 1세를 취합니다(Ryrie). 고고학적인 여러 견해들이 있음에도 불구하고 열왕기상 6장 1절로 근거가 되어지는 출애굽 연대를 솔로몬의 성전 건축 480년 이전으로 상정한 대략 B.C. 1446년을 지지합니다. 구체적인 논쟁에 관하여서는 'Charles F. Aling, 『이집트와 성경 역사』(서울: 기독교 문서 선교회, 2010), 97-120쪽'을 참조 바랍니다.

왕조	15-17왕조	18왕조		
혈통	셈족 계통	함족 계통		
통치자		아하모스	아멘호텝 1세	투트모스 1세
특징	이방인에게 우호적	이방인에게 배타적		

2) 새 왕의 지혜는 무엇이었습니까?(9-11절)

새 왕은 말하기를 '자 우리가 그들에게 대하여 지혜롭게 하자 두렵건 대 그들이 더 많게 되면 전쟁이 일어날 때에 우리 대적과 합하여 우리 와 싸우고 이 땅에서 나갈까 하노라'(10절)하였습니다. 감독들을 이스 라엘 자손 위에 세우고 그들에게 무거운 짐을 지워 괴롭게 하여 그들 로 바로를 위하여 국고성 비돔과 라암셋을 건축하게 하였습니다. 바로 의 지혜는 이스라엘의 압제하여 그들로 더 이상 번성치 못하게 하고자 하였습니다.

3) 세상 왕의 지혜에 대한 결과는 어떠했습니까?(12절)

이스라엘 자손은 학대를 받을수록 더욱 번성하고 퍼져나갔습니다. 곧 사람의 지혜는 지혜로울수록 하나님 앞에 미련한 것입니다.

"그러므로 내가 이 백성 중에 기이한 일 곧 기이하고 가장 기이한 일 을 다시 행하리니 그들 중의 지혜자의 지혜가 없어지고 명철자의 총명 이 가리워지리라"(사 29:14, 고전 1:19, c.f. 고전 1:25)

4) 이스라엘의 번성함으로 애굽인들은 어떻게 행하였습니까?(12-14 절)

학대를 받을수록 더욱 번성하여 퍼져나가는 이스라엘 자손으로 인하여 애굽 사람들은 근심하여 이스라엘 자손의 역사를 엄하게 하여 흙 이기기와 벽돌 굽기와 농사의 여러 가지 일을 통한 고역으로 이스라엘 자손의 생활을 더욱 괴롭게 하였습니다.

3. 애굽 왕은 히브리 산파들을 통해서 히브리인들의 번성함을 막으려 하였습니다(15-21절).

1) 애굽 왕은 히브리 산파 십브라와 부아에게 무엇을 명하였습니까?(15-16절)

애굽 왕은 히브리 산파에게 명하기를 '너희는 히브리 여인을 위하여 해산을 도울 때에 그 자리를 살펴서 아들이거든 그를 죽이고 딸이거든 살려두라' 하였습니다. 이는 학대와 압제에 이은 두 번째 애굽 왕의 시도가 됩니다. 이전보다 더 직접적인 핍박이나 여전히 자신을 드러내지 않고 같은 히브리 동족에 의하여 히브리인을 학살하고자 하는 애굽 왕의 만행입니다. 빌라도가 자신의 손을 씻듯이 사단은 언제나 가능하다면 자신을 직접 드러내지 않고 이러한 만행을 시도하는 것입니다.

2) 산파들은 무엇을 두려워하였습니까?(17절)

히브리 산파들은 애굽 왕의 명령에도 불구하고, 하나님을 두려워하여 애굽 왕의 명을 어기고 남자를 살렸습니다. 곧 세상 왕보다 만왕의 왕을 더 두려워한다는 것은 그것이 상치될 때에 어떠한 결단을 해야 하는지에 관하여 보여주는 것입니다.

3) 산파는 애굽왕의 책망에 어떻게 답하였습니까?(18-19절)
산파는 지혜롭게 남자 아이들을 살림에 대한 애굽 왕의 책망에 대답하기를 '히브리 여인은 애굽 여인과 같지 아니하고 건장하여 산파가 그들에게 이르기 전에 해산하였더이다'라고 대답하였습니다.

4) 하나님께서는 산파들에게 어떻게 은혜를 베푸셨습니까?(20-21절)
백성은 번성하고 매우 강해지고 산파들은 하나님을 경외하였으므로 하나님께서 그 산파들에게 은혜를 베푸심으로 그들의 집안을 흥왕하게 하셨습니다.

4. 애굽 왕 바로는 이스라엘 자손의 번성함을 막기 위하여 어떠한 새로운 명령을 내렸습니까?(22절)
바로는 그의 모든 백성에게 명령하여 '아들이 태어나거든 너희는 그를 나일 강에 던지고 딸이거든 살려두라' 하였습니다. 마침내 바로는 자신을 드러내어 보다 직접적이며 적극적인 핍박을 가하게 됩니다.

묵상

01 하나님께서 이스라엘 자손으로 하여금 애굽 땅에서 그토록 오랜 세월 동안 억압을 받게 하신 이유는 무엇입니까?(창 15장 12-16절)

02 하나님의 지혜와 사람의 지혜에 관하여 생각하여 봅시다.

03 하나님을 경외한 산파들로부터 우리는 무엇을 배울 수 있습니까?

되새김

출애굽기의 첫 번째 장은 다음의 세 가지를 교훈합니다. 첫째, 억압에도 불구하고 이스라엘이 번성하고 강하고 온 땅에 가득하였다는 것은 고난 속에도 하나님의 섭리와 은혜가 있음을 깨닫게 합니다. 둘째, 사람의 지혜는 하나님의 지혜 앞에 무기력합니다. 셋째, 이 땅에서 하나님을 경외한다는 것이 무엇이며 그 은혜에 관하여 히브리 산파들은 보여주고 있습니다.

PART

02

모세의 출생과 성장
2장1~25절

Key Point

모세의 출생과 그 성장 과정에서 우리는 철저하게 하나님의 예비하심과 인도하심을 살펴 볼 수 있습니다. 그러나 그의 삶이 쓰임을 받는 것은 우리들이 보는 바 하나님의 예비하심이라고 생각하는 것 속에 있지 않았습니다. 참으로 모세는 버리기 위하여 얻었으며 포기하기 위하여 누렸으며, 거절하기 위하여 거하였던 것입니다. 모세는 자신을 통한 하나님의 섭리를 알았으나 아직 그는 쓰임을 받을 수 있는 사람이 되지 못하였습니다. 그는 자신의 눈을 따라 행동하였으며 이로 말미암아 하나님의 손에 이끌림을 받기까지 40년을 더 기다려야 했습니다.

본문 이해

출애굽기 1장에서 우리는 이스라엘이 처한 상황에 관하여 자세히 살펴볼 수 있었습니다. 그들은 종이 아니었으나 종이 되었으며, 많은 학대 속에서 신음하고 있었습니다. 비록 하나님의 기이한 도우심과 은혜로 그들의 학대 받음 속에서 번성하여짐으로 나타나고, 히브리 산파의 도움이 있었으나 바로의 학대는 더욱 극으로 치닫게 됩니다. 이제 출애굽기 2장은 이러한 상황 속에서 하나님의 구원을 위하여 준비하심을 봅니다.

이스라엘의 구원의 이야기는 한 가정사에 대한 이야기로부터 시작합니다. 이는 한 가정이 믿음을 이루는 것이 얼마나 중요한 일인가를 알게 합니다. 사무엘의 이야기도 그의 가정의 이야기로부터 시작하고(삼상 1:1-20), 세례 요한의 이야기도(눅 1:5-80), 예수님의 이야기 또한 가정의 이야기로부터 시작합니다. 정치적으로 어렵고 믿음과 신앙으로 산다는 것이 아무런 의미가 없어 보이는 때에 한 가정이 믿음으로 세워지고 이 가정을 통해서 하나님께서는 이스라엘 구원의 이야기를 펼치십니다.

모세의 장성함으로 이스라엘의 구원자로서의 준비는 다 이루어진 듯하지만 하나님의 구원의 대리자로서는 전혀 준비되지 않았습니다. 그 또한 이스라엘의 구원자로서 부르심을 받기 위해서는 궁정에서의 40년의 세월이 아닌 광야에서의 40년의 세월이 필요하였습니다. 왜 광야생활 40년이 필요한지에 관하여서는 아직 알 수 없지만 이스라엘의 광야 40년을 인도하시기 위하여 그의 광야 생활은 최소한의 시간이었습니다. 하나님께서는 우리들이 준비되어진 만큼 쓰시는 것입니다.

모세에게 40년이라는 광야 세월이 필요했다면 우리에게도 광야가 필요하지 않겠습니까? 요셉이 애굽의 총리가 된 것은 하루 아침에 되었지만 또한 하루 아침에 된 사건은 아닙니다. 종으로, 죄수로서 10년 이상의 세월이 있었습니다. 다윗은 골리앗을 쓰러트리고 바로 왕이 되지 않았습니다. 그에게는 10년 이상의 유대광야 생활이 있었습니다. 하나님께서 바울을 쓰실 때도 안디옥 교회에서 파송하기까지 10년 이상의 기간을 준비시키셨습니다. 비록 아직 하나님의 구원의 모습은 나타나지 않았지만 하나님의 준비하심은 진행되어지고 있는 것입니다.

■ 출애굽기 2장의 구조적 이해
    출 2:1-10: 모세의 출생 이야기
    출 2:11-15: 모세의 미디안 도피
    출 2:16-22: 모세의 미디안 정착
    출 2:23-25: 하나님께서 이스라엘의 고통을 들으심

1. 모세의 출생에 관하여 살펴봅시다(1-10절).

1) 레위 족속 중 한 사람이 레위 여자에게 장가들었습니다. 모세의 아버지와 어머니 이름은 무엇입니까?(1절, 민 26:59 참조)

아버지는 레위인 아므람이고 어머니는 같은 레위 족속인 요게벳입니다. 아므람과 요게벳에게는 모세의 형과 누이가 되는 아론과 미리암이 있었습니다. 정치적으로 학대받고 어려운 시기에 신앙의 정조를 지켜 나아가던 사람들에 의해서 이 이야기는 시작되는 것입니다.

2) 모세의 어머니는 아들을 낳았을 때 아이가 어떠한 것을 보았습니까?(2절)

요게벳은 아이가 잘 생긴 것을 보았습니다. 이것은 인간적인 연민에 의한 아름다움이 아닌 믿음으로 말미암은 것임을 히브리서 기자는 전하고 있습니다.

"믿음으로 모세가 났을 때에 그 부모가 아름다운 아이임을 보고 석 달 동안 숨겨 왕의 명령을 무서워하지 아니하였으며"(히 11:23)

3) 모세의 부모는 어린 모세를 어떻게 하였습니까?(2-3절)

모세의 부모는 아이를 낳아 믿음으로 아이가 아름다운 아이임을 보고 석 달을 숨겼더니 더 숨길 수 없어 그를 위하여 갈대 상자를 가져다가 역청과 나무 진을 칠하고 아기를 거기 담아 나일 강 갈대 사이에 두었습니다. 하나님의 역사는 인간의 연약한 힘의 끝자락에서 이루어짐니다. 인간의 한계와 무기력한 그 때에 오히려 하나님의 일하심을 보게 되는 것입니다.

4) 나일 강 갈대 사이에 있던 갈대 상자의 모세를 위한 하나님의 예비하심은 무엇이었습니까?(5-6절)

바로의 딸이 목욕하러 나일 강으로 내려오고 시녀들은 나일 강 가를 거닐 때에 그가 갈대 사이의 상자를 보았습니다. 이에 시녀를 보내어 가져다가 열어 보니 그 아기를 보니 아기가 울고 있었습니다. 공주는 아기를 불쌍히 여겼습니다. 곧 하나님께서는 학대자인 바로의 공주를 보내어 아기를 키우게 하신 것입니다.

바로의 공주는 18대 왕조의 세 번째 왕인 투트모스 1세의 무남독녀의 딸 '하셉수트'입니다. 그녀는 이후에 직접 왕이 될 수 있었으나 그의 남편인 '투트모스 2세'에게 왕위를 양보하였습니다. 투트모스 2세와 하셉수트 사이에는 아들이 없었고 딸이 한 명이 있었는데 이 딸이 일찍 죽었으므로 투트모스 2세와 궁녀 사이에서 낳은 아들인 투트모스 3세로 왕위는 이어집니다. 그러나 아직 투트모스 3세가 어렸으므로 하셉수트는 약 20년간 애굽의 실제적인 통치권을 수행하였습니다.

5) 모세의 누이(미리암)는 바로의 공주에게 무엇을 제안하였습니까? 모세에게 일어난 하나님의 섭리를 살펴봅시다(7-10절).

모세의 누이는 아기를 불쌍히 여기는 공주에게 말하기를 '내가 가서 당신을 위하여 히브리 여인 중에서 유모를 불러다가 이 아기에게 젖을 먹이게 하리이까'(7절)라고 제안하였습니다. 바로의 딸은 이에 그럴 것을 허락하였고 바로의 딸은 불려 온 모세의 어머니에게 이르기를 '이 아기를 데려다가 나를 위하여 젖을 먹이라 내가 그 삯을 주리라'(9절)하였습니다. 아기는 어머니의 젖을 먹으며 자랐고 자라서 바로의 딸에게로 데려가니 그의 아들이 되었습니다.

6) 모세의 이름은 어떻게 지음 받았습니까?(10절)

모세가 바로의 딸의 친 아들이 아님은 숨겨진 일이 아니었습니다. 그의 이름은 공개적으로 그가 히브리인이요, 버려진 아이로 물에서 건짐을 받은 자임을 드러내는 이름이었습니다. 바로의 딸은 '내가 그를 물에서 건져내었음이라'하여 그 이름을 '모세'라 하였습니다.

2. 모세가 장성한 후에 있었던 사건은 무엇이었습니까?(11-15절)
1) 모세가 장성한 후에 자기 형제들의 고된 노동을 보고 또한 애굽 사람이 어떤 히브리 사람을 치는 것을 본 모세는 어떻게 행하였습니까?(11-12절)

모세는 장성하여 한번은 자기 형제들에게 나갔을 때에 그들이 고되게 노동하는 것을 보더니 어떤 애굽 사람이 한 히브리 사람 곧 자기 형제를 치는 것을 보았습니다. 이에 모세는 좌우로 살펴 사람이 없음을 보고 그 애굽 사람을 쳐죽여 모래 속에 감추었습니다. 곧 그는 믿음으로 행하지 않고 자기의 눈에 보이는 것을 따라 행하였습니다.

2) 이튿날 동족끼리 싸우는 히브리 사람을 본 모세는 어떻게 행하였습니까?(13-14절)

이튿날 두 히브리 사람이 서로 싸우는 것을 본 모세는 그 잘못한 사람에게 '네가 어찌하여 동포를 치느냐'(13절)하였습니다. 이에 그가 '누가 너를 우리를 다스리는 자와 재판관을 삼았느냐 네가 애굽 사람을 죽인 것처럼 나도 죽이려느냐'(14절)고 대답하였습니다. 곧 사람의 눈을 따라 행한 모세는 이 일이 탄로 났음을 두려움 중에 깨닫게 됩니다.

3) 모세의 행한 일이 바로에게까지 알려지었을 때 모세의 삶은 어떻게 달라졌습니까?(15절)

바로가 모세의 행한 일을 들었을 때, 바로는 모세를 죽이고자 하여 찾았습니다. 이제 모세는 바로의 낯을 피하여 미디안 땅으로 도망하였습니다. 모세의 삶은 부유한 삶에서 가난한 자의 삶으로, 왕에서 양치기로, 궁전에서 광야로 바뀌었습니다.

3. 모세의 미디안 광야에서의 정착생활을 살펴봅시다(16-22절).

모세는 미디안 우물 곁에 앉아 있다가 미디안 제사장의 일곱 딸들이 물을 길어 구유에 채우고 양 떼에게 먹이려 하는데 목자들이 그들을 쫓는 것을 보고 그들을 도와 양 떼에게 먹였습니다. 이를 알게 된 미디안 제사장 르우엘은 모세를 영접하고 그와 동거하기를 기뻐하며 그 딸 십보라를 모세에게 주었습니다. 모세는 아들을 낳아 '내가 타국에서 나그네가 되었음이라'하는 뜻으로 그 이름을 '게르솜'이라 하여 그의 타향

살이에 위로를 갖았습니다.

4. 모세가 미디안 광야에서 부름을 받았던 배경을 살펴봅시다(23-25절).

여러 해 후에 애굽 왕은 죽었고 그럼에도 불구하고 새로운 왕으로 통해 이스라엘은 고된 노동은 계속되었으며 이스라엘 자손은 고된 노동으로 인하여 탄식하며 부르짖으니 그 고된 노동으로 인하여 부르짖는 소리가 하나님께 상달되었습니다.

이제 이스라엘의 고된 노동을 보고 들은 것은 모세가 아닌 하나님에 의해서 하나님의 구원의 사역이 시작되는 것입니다. 곧 하나님이 그 고통 소리를 들으시고 하나님이 아브라함과 이삭과 야곱에게 세운 그의 언약을 기억하사 하나님이 이스라엘 자손을 돌보셨고 하나님이 그들을 기억하셨습니다.

묵 상

01 모세의 부모의 믿음에 관하여 살펴봅시다(출 2:1-2, 행 7:20, 히 11:23).

02 장성한 모세의 믿음과 연약함을 함께 살펴봅시다(히 11:24-26, 출 2:11).

03 하나님께서는 미디안 광야 40년간 모세를 어떻게 다루셨습니까? 모세의 삶을 통해 하나님의 쓰임을 받는 자에 관하여 생각하여 봅시다.

되새김

모세의 첫 번째 40년과 두 번째 40년은 극적으로 대조됩니다. 처음 40년은 그가 세상 안에서 예비 되어지는 기간이었으나 두 번째 40년은 그가 하나님 앞에서 예비 되어지기 위하여 세상 것을 버리는 기간이었습니다. 우리는 이러한 모세의 삶을 돌아보며 믿음 안에서 우리들이 진정으로 구할 것이 무엇인지 상고해 보아야 할 것입니다.

PART

03

모세의 소명
3장 1~22절

Key Point

모세는 가장 역설적인 삶을 살았습니다. 히브리 노예로서 왕자가 되었고, 왕자로서 도망자가 되었습니다. 모든 것을 얻었을 때에 그는 아무것도 얻은 것이 없었던 자였고 모든 것을 잃었을 때에 비로서 그는 모든 것을 얻을 준비가 된 것입니다. 그는 애굽에서 모든 것을 가지고 있었을 때에는 하나님의 쓰임을 받지 못하더니 이제 모든 것을 잃은 후에는 하나님의 쓰임을 받게 됩니다. 그가 붙잡아야 할 것은 오직 하나님 한 분이었던 것입니다.

본문 이해

출애굽기 1장은 전체 출애굽기의 도입적인 역할을 하며 '학대 받는 이스라엘'의 상황을 보여 주었고 2장에서는 하나님이 구원을 위하여 '모세의 출생과 성장'에 있어서 한 가정을 준비하셨음을 보여 주셨다면 이제 3장에서는 더욱 구체적으로 한 사람 모세를 하나님께서 부르시고 이를 통해서 하나님의 구원의 역사를 이루심을 보여주십니다. 이스라엘의 구원은 하나님께서 사람을 세우시고 그 사람을 통해서 이루시는 것입니다. 그러므로 사람을 통한 구원을 이해하고 깨달아야 하며 더 나아가 그 가운데 하나님의 역사를 보아야 합니다.

궁정에서 많은 것을 소유하고 장성하여 준비가 되었던 모세를 하나님께서는 부르시지 않으시고 도리어 광야에서 모든 것을 잃어버리고 아무 것도 가진 바가 없었으며 나이가 많았던 모세를 부르셨습니다. 사무엘이 엘리압을 보았으나 외모로 사람을 보지 않으시는 하나님께서는 막내 다윗을 선택하셨듯이 이제 한 사람의 인생 속에서도 엘리압과 같은 젊은 날의 모세가 아닌 아무런 기대도 할 수 없어 보이는 늙은 모세를 부르셨습니다. 그는 이제야 준비가 되었습니다. 그는 광야 학교를 통해서 연단 받은 자가 되었습니다. '네가 선 곳은 거룩한 땅이니 네 발에서 신을 벗으라'(5절)고 하셨을 때에, 모세 그가 신을 벗기까지 80년의 세월이 필요했던 것입니다. 우리가 행하는 것이 아니라 쓰임을 받는 자라는 사실을 깨닫기까지 이토록 많은 세월이 걸리는 것입니다.

하나님께서는 모세를 부르시고 자신을 계시하실 뿐만 아니라 이스라엘의 출애굽에 대한 계시를 알게 하여 주셨습니다.

■ 출애굽기 3장의 구조적 이해
출 3:1-10: 모세의 소명
출 3:11-12: 모세의 첫 번째 거절과 하나님의 답변
출 3:13-14: 모세의 두 번째 거절과 하나님의 답변
출 3:15-22: 출애굽에 대한 하나님의 계시

1. 모세가 하나님께 부름을 받는 장면을 주목하여 봅시다(1-12절).
1) 하나님께서는 모세를 어디로 인도하셨습니까?(1절)
모세는 그 장인 미디안 제사장 이드로의 양 떼를 치더니 그 떼를 광야 서쪽으로 인도하여 하나님의 산 호렙에 이르렀습니다. 모세가 양 떼를 인도하였으나 실상은 하나님께서 하나님의 양인 모세를 호렙으로 인도하신 것입니다. 모세는 미디안 40년 동안 자신의 양 떼 조차 갖지 못한 사람이었습니다. 그는 40년이 지난 아직도 자신의 양 떼 조차 갖지 못하고 장인의 양 떼를 치고 있었습니다. 그가 쳐야할 양은 미디안에 있지 않고 애굽에 있었습니다. 연약한 종을 하나님께서, 하나님의 일을 위하여 쓰시고자 하는 것입니다. 사람의 눈에 그는 아무 것도 아닌 사람이지만 그는 하나님에 의해 준비된 사람이었습니다.

2) 모세는 호렙 산에서 무엇을 보았습니까?(2-3절)

모세는 호렙 산의 한 떨기나무에 불이 붙었으나 그 떨기나무가 사라지지 않은 것을 보았습니다. 하나님께서 모세에게 떨기나무 가운데 나타나셨습니다. 떨기나무는 연약한 이스라엘을 상징하는 것입니다. 믿음의 전 역사를 통해서 하나님은 이토록 마른 장작과 같고, 아무 쓸데 없는 자와 같은 자에게 임재하셔서 하나님의 영광을 나타내셨습니다. 불은 하나님의 거룩함과 하나님의 임재를 나타내며 이는 앞으로 이스라엘이 하나님의 임재를 경험하게 될 일들의 전조요, 첫 만남이 됩니다[8].

3) 하나님께서는 모세에게 무엇을 명하셨습니까?(4-5절)

하나님께서는 모세가 이를 보려고 돌이켜 오는 것을 보시고 떨기나무 가운데서 그를 부르셨습니다. '모세야 모세야' 모세는 이에 '내가 여기 있나이다'라고 대답하였습니다. 이에 하나님께서는 모세에게 '이리로 가까이 오지 말라 네가 선 곳은 거룩한 땅이니 네 발에서 신을 벗으라'(5절)고 말씀 하셨습니다.

4) 하나님께서는 모세에게 무엇을 말씀하셨습니까? 말씀 속에서 하나님의 주권적인 모습을 살펴봅시다(6-10절).

모세의 조상의 하나님, 곧 아브라함의 하나님, 이삭의 하나님, 야곱의

---

8) 박철현, 『출애굽기 산책』(서울: 목양, 2011), 71-72쪽.

하나님께서는 말씀하시기를

　"내가 애굽에 있는 내 백성의 고통을 분명히 보고 그들이 그들의 감독자로 말미암아 부르짖음을 듣고 그 근심을 알고 내가 내려가서 그들을 애굽인의 손에서 건져내고 그들을 그 땅에서 인도하여 아름답고 광대한 땅, 젖과 꿀이 흐르는 땅 곧 가나안 족속, 헷 족속, 아모리 족속, 브리스 족속, 히위 족속, 여부스 족속의 지방에 데려가려 하노라 이제 가라 이스라엘 자손의 부르짖음이 내게 달하고 애굽 사람이 그들을 괴롭히는 학대도 내가 보았으니 이제 내가 너를 바로에게 보내어 너에게 내 백성 이스라엘 자손을 애굽에서 인도하여 내게 하리라"(7-10절)

　고 말씀하셨습니다.

5) 모세의 첫 번째 거절에 관하여 살펴봅시다(11-12절).
　모세는 하나님의 말씀에 '내가 누구이기에 바로에게 가며 이스라엘 자손을 애굽에서 인도하여 내리이까'(11절)라고 물었습니다. 모세는 하나님의 역사에 관하여 여전히 자신을 살피고 있는 것입니다. 모세의 이러한 대답은 40년 이전의 모습과 대조를 이루는 긍정적인 측면과 하나님의 일에 대한 아직도 자신을 바라보는 연약한 인생의 부정적인 측면을 함께 보여줍니다.

　이에 하나님께서는 모세에게 "내가 반드시 너와 함께 있으리라 네가 그 백성을 애굽에서 인도하여 낸 후에 너희가 이 산에서 하나님을 섬기리니 이것이 내가 너를 보낸 증거니라"(12절)라고 말씀하셨습니다. 곧 중요한 것은 모세가 누군가가 아니라 하나님께서 함께 하심과 하나님께서 인도하심인 것입니다. 또한 이스라엘의 구원의 목적은 이전에는 애굽을 섬기는 자이었더니 이제는 하나님을 섬기는 자가 되기 위함임을 알게 하십니다.

2. 모세에게 계시된 출애굽에 대한 전체적인 조망을 살펴봅시다 (13-22절).
1) 모세의 두 번째 거절에 관하여 살펴봅시다(13절).

모세는 첫 번째 거절에서 자신이 '누구이기에'라 말하였습니다. 이제 모세의 두 번째 거절에서 '하나님 자신에 관하여' 질문하였습니다. 곧 모세는 하나님께 "내가 이스라엘 자손에게 가서 이르기를 너희의 조상의 하나님이 나를 너희에게 보내셨다 하면 그들이 내게 묻기를 그의 이름이 무엇이냐 하리니 내가 무엇이라고 그들에게 말하리이까"(13절)라고 질문하였습니다.

이에 하나님께서는 자신에 관하여 '나는 스스로 있는 자이니라'(14절)고 응답하셨습니다. 하나님께서는 사람에 의해서 규정될 수 없으신 분이시며 과거와 현재와 미래를 통해 현존하시는 분이십니다. 그 분을 입증하려는 것은 어리석은 일이며 우리는 단지 하나님께서 밝히시는 대로 하나님의 이름과 그의 성품을 선포할 뿐인 것입니다.

2) 하나님께서는 모세가 행할 일들에 관하여 무엇을 말씀하셨습니까?(15-22절)

이미 언급한 바와 같이 중요한 것은 모세 자신이 누군가가 아니었습니다. 하나님께서는 이스라엘의 조상의 하나님 여호와, 곧 아브라함의 하나님, 이삭의 하나님, 야곱의 하나님으로 다른 언어로 자신을 한 번 더 밝힌 후 모세를 바로에게 보내시고 그를 통해서 행하실 일들과 있을 일들에 관하여 말씀하셨습니다.

이스라엘 자손에 대하여

모세는 이스라엘 장로들을 모으고 그들에게 이르기를 "여호와 너희 조상의 하나님 곧 아브라함과 이삭과 야곱의 하나님이 내게 나타나 이르시되 내가 너희를 돌보아 너희가 애굽에서 당한 일을 확실히 보았노라 내가 말하였거니와 내가 너희를 애굽의 고난 중에서 인도하여 내어 젖과 꿀이 흐르는 땅 곧 가나안 족속, 헷 족속, 아모리 족속, 브리스 족속, 히위 족속, 여부스 족속의 땅으로 올라가게 하리라"(16-17절)고 말하라 하셨습니다.

바로에게 나아갈 것에 관하여

그리하면 이스라엘의 장로들이 네 말을 들으리니 너는 그들의 장로들과 함께 애굽 왕에게 이르기를 "히브리 사람의 하나님 여호와께서 우리에게 임하셨은즉 우리가 우리 하나님 여호와께 제사를 드리려 하오니 사흘길쯤 광야로 가도록 허락하소서"(18절)하라 하셨습니다.

바로가 이스라엘을 보내는 시기에 관하여

하나님께서는 모세에게 말씀하시기를 "내가 아노니 강한 손으로 치기 전에는 애굽 왕이 너희가 가도록 허락하지 아니하다가 내가 내 손을 들어 애굽 중에 여러 가지 이적으로 그 나라를 친 후에야 그가 너희를 보내리라"(19-20절)고 말씀하심으로 바로가 이스라엘의 보내는 시기도 전적으로 하나님께 있음을 알게 하셨습니다.

이스라엘 백성들이 얻게 될 것에 관하여

하나님께서는 또한 이스라엘이 애굽에서 취할 바에 관하여 말씀하셨는데 곧 "내가 애굽 사람으로 이 백성에게 은혜를 입히게 할지라 너희가 나갈 때에 빈손으로 가지 아니하리니 여인들은 모두 그 이웃 사람과 및 자기 집에 거류하는 여인에게 은 패물과 금 패물과 의복을 구하여 너희의 자녀를 꾸미라 너희는 애굽 사람들의 물품을 취하리라"(21-22절)고 말씀하셨습니다. 곧 앞으로 보게 될 바 이스라엘 백성들이 애굽 사람들로부터 받게 될 물품들은 다 여호와 하나님께로 말미암은 것입니다. 이스라엘은 애굽에서 400년을 종살이를 하였으며 이에 하나님께서는 그들로 빈손으로 나오지 않게 하셨습니다(눅 11:22).

묵상

01   하나님께서 모세를 부르신 떨기나무와 불꽃은 어떠한 가르침을 줍니까?

02   모세에게 말씀하신 바 '네 발에서 신을 벗으라' 하심에 관하여 나누어 봅시다.

03   하나님께서 이스라엘 가운데 행하실 일에 대한 모세의 역할은 무엇입니까? 이스라엘 가운데 진정으로 행하시는 이는 누구인지 자세히 살펴봅시다.

되새김

모세는 부르심에 무려 7번이나 거절합니다. 우리는 때때로 무엇을 하고자 하는 열심 가운데 사로잡혔다가도 또한 모세처럼 연약한 자신에 집착한 나머지 주권적인 하나님의 행하심을 잊고 마는 것입니다. 그러나 중요한 것은 일을 행하시는 분은 언제든 우리가 아니라 하나님이시라는 사실입니다. 곧 하나님께서는 모세에게 그의 앞에 이루어질 모든 일들에 관하여 말씀하셨습니다.

04

보냄 받은 모세
4장1~31절

Key Point

하나님께서는 모세 자신뿐만 아니라 이스라엘로 하여금 그들을 권고하시는 하나님을 믿게 하시기 위하여 여러 가지 표적을 주십니다. 이러한 표적은 모세와 이스라엘뿐만 아니라 오늘날 우리들에게까지 귀한 교훈을 줍니다. 그러나 이러한 표적에도 불구하고 부르심에 순종하지 못하는 모세의 모습은 연약한 인생의 모습을 넘어 불순종하는 인생의 완고함을 보여줍니다.

본문 이해

출애굽기 3장에 호렙산에서 모세를 부르신 '소명'에 관한 말씀에 계속 이어지는 4장의 말씀은 모세의 부르심에 대한 모세의 '확신'에 관한 말씀입니다. 3장에서 모세를 부르신 하나님께서는 모세가 자신의 부르심에 대한 확신을 가지게 하시는 것입니다. 하나님께서는 이를 위하여 세 가지 표적을 보이시고 또한 약속하심으로 그의 부르심을 확신케 하고자 하셨습니다.

■ 출애굽기 4장의 구조적 이해
　출 4:1-9: 모세의 세 번째 거절과 하나님의 답변(세 가지 표적)
　출 4:10-12: 모세의 네 번째 거절과 하나님의 답변
　출 4:13-17: 모세의 다섯 번째 거절과 하나님의 답변
　출 4:18-26: 모세의 애굽 귀향길
　출 4:27-31: 지도자가 된 모세

1. 모세의 세 번째 거절에 관하여 살펴봅시다(1절).

모세는 '그러나 그들이 나를 믿지 아니하며 내 말을 듣지 아니하고 이르기를 여호와께서 네게 나타나지 아니하셨다 하리이다'(1절)라고 대답하였습니다. 첫 번째는 자기 집착이며, 두 번째는 하나님 자신에 대한 질문이며 모세의 세 번째 대답은 이스라엘 백성의 불신에 관한 것입

니다. 모세는 자신에 대해서도, 하나님에 관하여서도, 백성에 관하여서도 아무것도 신뢰할 수 없었습니다. 참으로 하나님의 쓰임을 받기 위해서는 그럼에도 불구하고 붙드시는 하나님의 은혜가 필요한 것입니다.

2. 모세에게 주신 세 가지 표적을 살펴봅시다[9](2-9절).

1) 첫 번째 표적과 그 의미는 무엇입니까?(2-5절)

모세에게 주신 첫 번째 표적은 그의 손에 있던 지팡이를 땅에 던져 뱀이 되게 하고 다시 그것의 꼬리를 잡은즉 그의 손에서 지팡이가 된 표적입니다. 이 표적은 모세가 하나님으로부터 보내심을 받았다는 표징이 될 것입니다. 특별히 모세가 뱀의 머리가 아닌, 꼬리를 잡은 것은 철저하게 하나님의 말씀에 대한 순종을 가르칩니다. 말씀에 순종할 때에 뱀이 지팡이가 되었습니다. 뱀은 바로와 애굽을 나타내며 이는 옛 생활이며, 옛 질서이며, 옛 삶입니다. 하나님을 섬기는 자가 뱀을 섬기며 바로의 통치 가운데 사는 것입니다. 이 이적은 한 편으로는 하나님의 능력을, 다른 한편으로는 뱀이 아닌 하나님을 섬기는 자가 되어야 함을 가르칩니다.

2) 두 번째 표적과 그 의미는 무엇입니까?(6-8절)

모세에게 주신 두 번째 주신 표적은 그의 손을 품에 넣었다가 내어보니 나병이 들었다가 다시 품에 넣었다가 내어보니 다시 깨끗케 된 표적이었습니다. 주의 깊지 않은 관찰은 이 이적이 손에서 이루어진 것으로

---

9) 아더 핑크, 『출애굽기 (상)』(서울: 엠마오, 1986), 58-67쪽 .

봅니다. 그러나 이 이적은 가슴을 보여주시는 이적입니다. 손이 품에 들어갈 때에 손에 나병이 들었다는 것은 그 가슴이 바로 오염되었음을 알게 하시는 것입니다. 하나님께서는 한 편으로 분명히 모세로 하여금 하나님의 권능을 경험케 함으로 그 부르심을 확신하게 하셔야 했으나 다른 한편으로 오늘날 우리들을 위하여 하나님의 권능이 죄 되고 부패된 우리의 마음을 치유하심을 알게 하시는 것입니다.

3) 세 번째 표적과 그 의미는 무엇입니까?(9절)

모세에게 주신 세 번째 표적은 나일 강 물을 조금 떠다가 땅에 부으면 그가 따운 나일 강 물이 땅에서 피가 되는 표적입니다. 세 번째 이적은 첫 번째 이적과 두 번째 이적이 거절되었을 때에 예고된 이적입니다. 첫 번째 이적이 뱀 곧 사단에 의해서 지배되어진 자에 대한 경고의 메시지를 담고 있고 두 번째 이적이 죄에 의해서 부패된 심령에 대한 경고의 메시지를 담고 있다면 사단의 지배에서 해방케 하시고, 죄의 심령을 깨끗케 하실 하나님의 능력을 거절하는 자에게는 다만 심판이 부어질 것을 경고하시는 것입니다.

3. 모세의 네 번째 거절에 관하여 살펴봅시다(10-12절).

모세는 하나님께서 그에게 주신 세 가지 표적에도 불구하고 네 번째 대답을 합니다. '오 주여 나는 본래 말을 잘 하지 못하는 자니이다 주께서 주의 종에게 명령하신 후에도 역시 그러하니 나는 입이 뻣뻣하고 혀가 둔한 자니이다'(10절) 이는 모세 자신의 연약함에 대한 호소입니다. 이에 하나님께서는 모세에게 "누가 사람의 입을 지었느냐 누가 말 못 하는 자나 못 듣는 자나 눈 밝은 자나 맹인이 되게 하였느냐 나 여호와가 아니냐 이제 가라 내가 네 입과 함께 있어서 할 말을 가르치리라"(11-12절)고 하셨습니다. 모세는 하나님의 반복적인 계시와 표적에도 불구하고 여전히 자기 집착에서 벗어나지 못하고 있었던 것입니다.

4. 모세의 다섯 번째 거절에 관하여 살펴봅시다(13-17절).

모세는 다섯 번째로 하나님의 계속적인 인내에게 불구하고 '오 주여 보낼 만한 자를 보내소서'(13절)라고 대답하였습니다. 결국 모세의 불신앙적인 대답들은 하나님의 노를 발하기까지 합니다. 하나님께서는 모세에게

"레위 사람 네 형 아론이 있지 아니하냐 그가 말 잘 하는 것을 내가 아노라 그가 너를 만나러 나오나니 그가 너를 볼 때에 그의 마음에 기쁨이 있을 것이라 너는 그에게 말하고 그의 입에 할 말을 주라 내가 네 입과 그의 입에 함께 있어서 너희들이 행할 일을 가르치리라 그가 너를 대신하여 백성에게 말할 것이니 그는 네 입을 대신할 것이요 너는 그에게 하나님 같이 되리라 너는 이 지팡이를 손에 잡고 이것으로 이적을 행할지니라"(14-17절)

고 말씀하셨습니다.

5. 모세와 장인 이드로와의 대화를 살펴봅시다(18절).

모세는 그의 장인 이드로에게 돌아가서 말하기를 "내가 애굽에 있는 내 형제들에게로 돌아가서 그들이 아직 살아 있는지 알아보려 하오니 나로 가게 하소서"(18절)라고 하였습니다. 즉 모세는 그의 장인에게 하나님의 현시와 계시와 표적에 관하여 일체의 말도 하지 않았습니다. 장인 이드로는 모세에게 평안히 갈 것을 허락하였습니다.

6. 하나님께서는 어디서 다시 모세에게 나타나셨습니까?(19-23절)

여호와께서 미디안에서 모세에게 이르시기를 '애굽으로 돌아가라 네 목숨을 노리던 자가 다 죽었느니라'(19절)고 말씀하셨습니다. 하나님께서는 두려워하는 모세에게 다시 믿음의 확신을 갖게 하시는 것입니다. 모세가 그 아내와 아들들을 나귀에 태우고 애굽으로 돌아가는데 모세가 '하나님의 지팡이'를 손에 잡았습니다. 하나님께서는 연약한 모세에게 무언가를 붙잡게 하셨습니다. 그러나 그가 참으로 붙잡고 의지할 바는 하나님이신 것입니다.

여호와께서는 모세에게 이르시기를

"네가 애굽으로 돌아가거든 내가 네 손에 준 이적을 바로 앞에서 다 행하라 그러나 내가 그의 마음을 완악하게 한즉 그가 백성을 보내 주지 아니하리니 너는 바로에게 이르기를 여호와의 말씀에 이스라엘은 내 아들 내 장자라 내가 네게 이르기를 내 아들을 보내 주어 나를 섬기게

하라 하여도 네가 보내 주기를 거절하니 내가 네 아들 네 장자를 죽이리라 하셨다"(21-22절)

하라고 말씀하셨습니다. 곧 하나님께서는 모세에게 애굽에서 구체적으로 행하실 것과 일어날 일들을 확연하게 말씀하셨습니다.

7. 모세가 길을 가다가 숙소에서 죽임을 당할 위기와 가족과 이별하는 장면을 살펴봅시다(24-25절, 18장2-3절).

모세가 길을 가다가 숙소에 있을 때에 하나님께서 모세를 만나사 그를 죽이려 하셨습니다. 이에 모세의 아내 십보라가 돌칼을 가져다가 그 아들의 포피를 베어 모세의 발에 갖다 대며 당신은 참으로 내게 피 남편이로다 하니 하나님께서 모세를 놓아 주셨습니다. 십보라가 피 남편이라 함은 할례 때문이었습니다. 아마도 십보라는 이스라엘의 할례 문화에 관하여 반대하였을 것입니다. 이것이 의미하는 바를 동의하지 않았을 것입니다. 그러나 하나님께서는 모세를 통해서 그의 가정의 질서를 먼저 세우게 하십니다. 하나님께서는 모세를 통해서 하나님의 일을 하시기 전에 그로 먼저 그의 가정을 온전케 하시기를 원하셨던 것입니다. 모세는 이에 아내와 두 아들을 미디안으로 돌려 보내었습니다. 비록 모세의 많은 거절에도 불구하고 이루어진 소명이지만 이 소명은 엄중한 것입니다. 모세는 이 위기의 경험을 통해서 하나님께서 주신 이 사명을 엄중하게 수행하게 됩니다.

8. 하나님의 산에서 모세와 아론의 만남의 장면을 살펴봅시다(27-31절).

하나님께서는 이번에는 아론에게 나타나셔서 그로 하여금 광야에 가서 모세를 맞으라 하셨습니다. 아론은 가서 하나님의 산에서 모세를 만나 그에게 입맞추었습니다. 모세는 하나님께서 그에게 분부하여 보내신 모든 말씀과 자기에게 명령하신 모든 이적을 아론에게 알렸습니다. 모세와 아론은 이스라엘 자손의 모든 장로를 모으고 아론이 여호와께서 모세에게 이르신 모든 말씀을 전하고 그 백성 앞에서 이적을 행하니 백성이 믿으며 하나님께서 이스라엘 자손을 찾으시고 그들의 고난을 살피셨다 함을 듣고 머리 숙여 경배하였습니다.

묵 상

01   하나님께서 모세에게 주신 세 가지 표적의 의미를 나누어 봅시다.

02   모세의 거절에 관하여 나누어 봅시다.

03   하나님께서는 모세의 앞에 어떠한 일들을 예비하셨습니까?

되새김

하나님의 은혜가 부어지는 순간에도 인간의 연약함, 불순종과 완고함이 있습니다. 그러나 하나님께서 행하시고자 하시는 일은 이러한 인생의 연약함을 통해서 좌절되지 않습니다. 인생의 연약함의 깊이가 깊으면 깊을수록 하나님의 은혜는 더욱 더 측량할 수 없는 은혜로 부어지는 것입니다. 인생의 완고함은 결국 하나님의 열심 앞에 무너지며 인생의 불순종은 주권적인 하나님의 행하심 앞에 굴복되고 마는 것입니다.

모세와 바로의 첫 대면
5장 1~21절

Key Point

모세와 바로의 일차 대면은 세상 사람의 눈에 비친 믿음의 삶이 어떠한가에 관하여 보여 줍니다. 믿음의 삶에 대한 세상 사람의 도전은 어쩌면 더 큰 어려움을 동반할 것입니다. 믿음의 삶의 시작에 닥치는 어려움은 믿음이 연약한 사람들에게는 참으로 큰 시련이 아닐 수 없습니다. 그러나 믿음의 사람들은 반드시 하나님께서 믿음의 사람들을 하나님께서 정하신 때에 인도하신다는 확신 가운데 거하여야 할 것입니다.

본문 이해

　모세와 아론은 바로 앞에 서서 이스라엘 백성들을 보내어 줄 것을 요구합니다. 그러나 바로는 모세와 아론의 요구를 거절할 뿐만 아니라 종된 이스라엘 백성들에게 더욱 가중된 핍박으로 학대합니다. 하나님께서는 저들에게 하나님의 권능을 보이시기 전에 말씀으로 전달하였습니다. 이는 마치 하나님께서 그의 전령을 보내심과 같습니다. 그러나 바로는 완악하게 행하여 이스라엘 백성들을 더욱 학대하였습니다. 아직 말씀의 권능이 나타나지 않음은 완악함을 더욱 나타나게 하여 저들의 불신앙의 실태를 우리들에게 명확하게 보이시는 것입니다.

　바로는 더욱 완악하여졌으며, 감독들은 더욱 무자비하여졌으며, 그들이 세운 이스라엘 자손인 기록원들에게는 믿음이 없었습니다. 이는 세 부류의 존재들에 관하여 알게 합니다. 먼저 바로로 대표되어지는 세상 임금인 사단과 그의 감독들인 세상과 본래 하나님의 백성들이나 세상에 의해서 세워지고 그들의 종된 사람들입니다. 어려운 환경은 믿음의 사람들에게는 그 믿음이 별과 같이 빛나게 하지만 불신앙의 사람들에게는 불평과 원망으로 그들의 불신앙을 더욱 드러내게 하는 것입니다.

■ 출애굽기 5장의 구조적 이해

　　출 5:1-9: 모세와 바로의 첫 대면

　　출 5:10-14: 가중되어진 핍박으로 고통받는 이스라엘 백성

　　출 5:15-21: 모세와 아론을 원망함

1. 모세와 바로의 일차 접견을 살펴봅시다(1-9절).

1) 모세와 아론은 바로에게 무엇을 요구하였습니까?(1,3절)

　　모세와 아론은 바로에게 이스라엘 하나님 여호와의 말씀에 '내 백성을 보내라 그러면 그들이 광야에서 내 앞에 절기를 지킬 것이니라'(1절)하셨다 전하였습니다. 곧 "히브리인의 하나님이 우리에게 나타나셨은즉 우리가 광야로 사흘길쯤 가서 우리 하나님 여호와께 제사를 드리려 하오니 가도록 허락하소서 여호와께서 전염병이나 칼로 우리를 치실까 두려워하나이다"(3절)라 하였습니다.

　　모세와 아론이 대면하게 된 바로는 투트모스 3세의 아들 아멘호텝 2세입니다. 부왕이 애굽의 내부적으로 굳건히 하고 외부적으로 시리아까지 점령하는 등 애굽의 위치를 굳건히 하였고 아멘호텝 2세 또한 군사적 상업적으로도 애굽의 위치는 더욱 견고하였습니다. 따라서 아멘호텝 2세의 부와 강성함은 그 자신의 마음에 교만을 가져다 주었고 이스라엘의 하나님에 대한 두려움을 알지 못하였습니다.

2) 바로는 하나님에 관하여 어떻게 이야기하였습니까?(2절)

　바로는 '여호와가 누구이기에 내가 그의 목소리를 듣고 이스라엘을 보내겠느냐 나는 여호와를 알지 못하니 이스라엘을 보내지 아니하리라'(2절)고 말하였습니다. 곧 바로는 여호와를 알지 못한다고 함으로 그 이름을 경멸하였습니다.

3) 바로는 모세와 아론의 의도를 무엇이라 생각하였습니까?(4-5, 9절)

　바로는 모세와 아론이 거짓말을 하는 것이며 이를 통해서 이스라엘의 백성의 역사를 쉬게 한다고 하였습니다. 하나님을 경외함이 없는 자에게 하나님의 역사는 단지 거짓말뿐이며 세속의 역사를 중단케 하는 변명이 될 뿐이라고 생각하는 것입니다.

4) 이스라엘 백성에 관하여 어떻게 이야기하였습니까?(6-9절)

　바로는 이처럼 이스라엘 백성이 요구하는 것은 그들이 게으르기 때문이라고 생각하였습니다. 이에 바로는 백성의 감독들과 기록원들에게 지시하기를 백성에게 다시는 벽돌 소용의 짚을 전과 같이 주지 말고 그들로 가서 스스로 줍게 하되 그들이 전에 만든 벽돌 수효대로 그들로 만들게 하고 감하지 말게 하였습니다. 바로는 이토록 이스라엘 백성의 고역을 무겁게 하여 그들로 모세의 거짓말을 듣지 않게 하라 하였습니다.

　하나님을 경외하지 않는 자에게 하나님의 말씀은 거짓말이며 허탄한 소리에 불과하며 더 나아가 이러한 소리를 하는 것은 그들의 게으름이라고 생각하는 것입니다. 오늘날도 마찬가지여서 모든 믿음의 역사는 하나님을 경외함이 없는 자에게는 아무런 의미가 없는 허탄한 것에 불과한 것입니다. 그러나 이러한 세속의 평가에 의해 믿음의 가치를 잃지 않도록 하여야 할 것입니다.

2. 모세와 바로의 일차 접견 이후의 이스라엘 백성이 겪은 고역은 어떠했습니까?(10-14절)

바로의 말에 따라 백성의 감독들과 기록원들은 이스라엘 백성들로 하여금 짚을 주지 않고 짚을 찾을 곳으로 가서 주어 벽돌을 만들게 하였으며 일은 조금도 감하지 않았습니다. 이에 백성이 애굽 온 땅에 흩어져 곡초 그루터기를 거두어다가 짚을 대신하였고 감독들은 독촉하여 너희는 짚이 있을 때와 같이 그 날의 일을 그 날에 마치라 하며 자기들이 세운 이스라엘 자손의 기록원들을 때리며 너희가 어찌하여 어제와 오늘에 만드는 벽들의 수효를 전과 같이 채우지 아니하였느냐 하였습니다.

3. 이스라엘 자손의 기록원들이 바로에게 나아감을 살펴봅시다(15-19절).

매를 맞은 이스라엘 자손의 기록원들은 가서 바로에게 호소하여 종들에게 짚을 주지 아니하고 벽돌을 만들라 함에 관하여 항의합니다. 그러나 바로는 그들이 게을러서 이르기를 우리가 가서 여호와께 제사를 드리자 한다고 이야기하였으며 기록하는 일을 맡은 이스라엘 자손들은 바로의 말에 의해 화가 몸에 미친 줄 알게 되었습니다.

4. 이스라엘 자손의 기록원들은 모세와 아론에게 무엇이라고 말하였습니까?(20-21절)

이스라엘 자손의 기록원들은 바로의 앞에서 나오다가 모세와 아론을 만나 이르되 "너희가 우리를 바로의 눈과 그의 신하의 눈에 미운 것이 되게 하고 그들의 손에 칼을 주어 우리를 죽이게 하는도다 여호와는 너희를 살피시고 판단하시기를 원하노라"(21절)고 하였습니다.

모세와 아론의 시련은 바로로부터 말미암을 뿐만 아니라 같은 형제와 동족인 이스라엘 자손으로 말미암은 것입니다. 환난 가운데 믿음의 사람들의 믿음은 큰 힘이 되기도 하나 연약함과 불신앙은 큰 믿음의 시련이 됩니다.

묵 상

01 세상 사람들에게 비친 믿음의 삶은 어떠합니까?

02 이스라엘의 기록원들에 관하여 살펴볼 수 있는 바와 같이 세상 사람들이
    믿음의 사람들을 다루는 방법에 관하여 나누어 봅시다.

03 세 부류 사람들의 불신앙이 주는 교훈에 관하여 나누어 봅시다.

되새김

믿음의 사람들을 힘들게 하는 것은 세상 사람들이 아니라 사실은 같은 믿음 안
에 거하는 사람들입니다. 어려움 가운데 믿음의 사람들이 서로에게 힘을 주지
못할 때에 믿음의 사람이 오히려 낙심케 하는 이유가 될 수 있습니다. 그러나 언
제나 믿음의 사람은 사람을 바라볼 것이 아니라 하나님을 주목하여야 합니다.

P A R T

06

하나님의 언약
5장22~6장30절

Key Point

이스라엘 기록원들의 항의는 모세의 마음을 상하게 하고 반복적으로 하나님 앞에 이의를 제기하는 모세의 모습을 우리는 이 과에서 살펴볼 수 있습니다. 그러나 모세의 7번에 걸친 불순종과 연약함에도 불구하고 이 모든 일은 하나님의 섭리와 언약으로 말미암습니다. 특별히 삽입된 모세와 아론의 족보는 하나님의 역사가 결코 사람에 의한 것이 아니라 하나님에 의한 것임을 알게 합니다.

본문 이해

바로와의 일차 대면 후에 아무런 성과 없이 상황만 더욱 악화되어짐을 경험한 모세는 하나님을 기대하기보다는 여전히 연약한 불순종의 모습을 보입니다. 이는 우리가 사역을 할 때에도 온전한 순종의 모습보다는 연약함 가운데서 성숙해져가는 모습을 상기시킵니다. 모세가 부르심을 받을 때에 그가 일곱 번이나 불순종하거나 거절하는 연약한 모습을 봄은 한 인생으로서의 모세가 아닌 하나님께서 어떻게 사람을 만들어 나아가시는가를 알게 하십니다.

우리는 하나님의 구원은 사람을 통해서 이루심을 보며, 비록 연약하나 하나님의 사람을 훈련시키시고 단련시키심으로 행하심을 알게 될 때에 사람의 연약함에 대하여 정죄보다는 사람을 통해서 역사하시는 하나님의 행하심 속에서 사람을 존대할 수 있습니다.

■ 출애굽기 6장의 구조적 이해

　출 5:22-6:1: 모세의 여섯 번째 거절과 하나님의 답변

　출 6:2-9: 언약을 재확인하심

　출 6:10-13: 모세의 일곱 번째 거절과 하나님의 답변

　출 6:14-27: 모세와 아론의 족보

　출 6:28-30: 모세의 항변

1. 모세의 하나님께 향한 여섯 번째 거절을 살펴봅시다(5장 22-23절).

모세는 기록원들의 원망으로 하나님께 아뢰기를 "주여 어찌하여 이 백성이 학대를 당하게 하셨나이까 어찌하여 나를 보내셨나이까 내가 바로에게 들어가서 주의 이름으로 말한 후로부터 그가 이 백성을 더 학대하며 주께서도 주의 백성을 구원하지 아니하시나이다"(22-23절)라고 하였습니다. 곧 모세의 여섯 번째 거절은 사람들의 원망에 기초하고 있습니다.

2. 하나님께서 모세 자신에게 주신 첫 번째 말씀은 무엇입니까?(6장 1절)

하나님께서는 먼저 모세로 하여금 하나님을 향한 확신 가운데 거하게 하셨습니다. 곧 모세에게 이르시되 "이제 내가 바로에게 하는 일을 네가 보리라 강한 손으로 말미암아 바로가 그들을 보내리라 강한 손으로 말미암아 바로가 그들을 그의 땅에서 쫓아내리라"(1절)고 말씀하셨습니다.

3. 하나님께서는 모세에게 하신 두 번째 말씀에서 어떠한 하나님으로 이스라엘 백성에게 전하게 하셨습니까?(2-8절)

하나님께서는 모세에게 언약의 하나님으로서 이스라엘 자손에게 전하게 하셨습니다.

4. 하나님께서 이스라엘 백성에게 행하실 일들을 하나님의 말씀에 기초하여 정리하여 봅시다(2-8절).

하나님께서는 모세를 통해서 이스라엘 자손에게 다음과 같은 일을 하실 것을 말씀하셨습니다.

1. 내가 애굽 사람의 무거운 짐 밑에서 너희를 빼내며
2. 그들의 노역에서 너희를 건지며
3. 편 팔과 여러 큰 심판들로써 너희를 속량하여
4. 너희를 내 백성으로 삼고
5. 나는 너희의 하나님이 되리니
6. 나는 애굽 사람의 무거운 짐 밑에서 너희를 빼낸 너희의 하나님 여호와인줄 너희가 알지라
7. 내가 아브라함과 이삭과 야곱에게 주기로 맹세한 땅으로 너희를 인도하고 그 땅을 너희에게 주어 기업을 삼게 하리라

5. 하나님의 말씀을 전해 받은 이스라엘 자손들은 어떠했습니까?(9절)

모세가 하나님의 말씀을 전하였으나 '마음의 상함'과 '가혹한 노역'으로 인하여 모세의 말을 듣지 아니하였습니다.

6. 하나님의 세 번째 말씀으로 하나님께서는 모세를 통해 바로에게 무엇을 말하게 하였습니까?(10-11절)

하나님께서는 모세에게 이르시기를 바로에게 이스라엘 자손을 그 땅에서 내어 보내게 하라고 말하라 하였습니다.

7. 모세의 일곱 번째 거절을 살펴봅시다(12절).

모세는 이스라엘 자손도 내 말을 듣지 아니하였거든 바로가 어찌 들으리이까 나는 입이 둔한 자니이다고 거절하였습니다. 6장의 마지막 세 절인 28-30절은 아마도 12절과 연관된 것으로 보입니다. 그러므로 모세는 무려 7번이나 하나님의 부르심에 대하여 이의를 제기하고 항변함으로 완벽한 불순종을 드러내고 있는 것입니다. 하나님께서는 그럼에도 불구하고 오래 참으시고 그를 통하여 하나님의 구원의 역사를 이루십니다.

8. 모세의 일곱 번의 거절과 하나님의 답변을 정리하여 봅시다.

① 모세 자신에 관하여

출 3:11-12: 모세의 첫 번째 거절과 하나님의 답변

② 하나님에 관하여

출 3:13-14: 모세의 두 번째 거절과 하나님의 답변

③ 이스라엘 백성들의 불신에 관하여

출 4:1-9: 모세의 세 번째 거절과 하나님의 답변(세 가지 표적)

④ 자신의 연약함

출 4:10-12: 모세의 네 번째 거절과 하나님의 답변

⑤ 부르심을 거부함

출 4:13-17: 모세의 다섯 번째 거절과 하나님의 답변

⑥ 사역의 부족함

출 5:22-6:1: 모세의 여섯 번째 거절과 하나님의 답변

⑦ 자신의 부족함

출 6:10-13, 6:28-30: 모세의 일곱 번째 거절과 하나님의 답변

9. 모세와 아론의 족보에서 우리는 무엇을 배울 수 있습니까?(14-27절)

삽입된 족보는 단지 야곱의 세 아들, 르우벤, 시므온, 레위만을 언급하고 있습니다.

1. 르우벤-하녹, 발루, 헤스론, 갈미
2. 시므온-여무엘, 야민, 오핫, 야긴, 소할, 가나안 여인의 소생 사울
3. 레위(137세)-게르손, 고핫, 므라리
  1) 게르손-립니, 시므이
  2) 고핫(133세)-아므람, 이스할, 헤브론, 웃시엘
    A. 아므람(137세, 아버지의 누이인 요게벳과 결혼)-아론, 모세
      a. 아론(암미나답의 딸 나손의 누이 엘리세바와 결혼)
        -나답, 아비후, 엘르아살, 이다말
        ㄱ) 엘르아살(부디엘의 딸 중에 아내를 취함)-비니하스
    B. 이스할-고라, 네벡, 시그리
      a. 고라-앗실, 엘가나, 아비아삽
    C. 웃시엘-미사엘, 엘사반, 시드리
  3) 므라리-마홀리, 무시

이와 같은 모세와 아론의 족보는 하나님의 경륜이 자연적인 계보

가 아님을 보임과 더불어 인간의 의로움이 아닌 인간의 죄악과 타락에도 불구하고 하나님의 선택과 주관하심 가운데 은혜의 계보가 이어지고 있음을 알 수 있습니다.

묵 상

01 모세의 마음을 상하게 한 것은 무엇입니까? 우리는 여기에서 어떠한 교훈
    을 얻어야 합니까?

02 모세는 하나님의 부르심에 어떻게 7번이나 이의를 제기했는지 정리하여
    봅시다.

03 이스라엘 자손에게 하신 하나님의 말씀 속에서 우리는 무엇을 깨달을 수 있
    습니까?

되새김

우리는 다시 한번 믿음의 언약은 사람으로 말미암은 것이 아닌 하나님의 언약임
을 기억하여야 할 것입니다. 모세에게 말씀하신 하나님도 언약의 하나님이시며,
이스라엘 자손에게 말씀하신 하나님도 그 언약을 실행하실 하나님이시며 바로
에게 말씀하신 하나님도 역시 이스라엘과 맺은 언약을 이루신 언약의 하나님이
십니다. 13절의 말씀은 이 언약의 하나님께서 이스라엘 자손을 애굽 땅에서 인
도하여 내게 하셨다고 결론짓고 있습니다.

P A R T

07

10가지 재앙 1
-피의 재앙-
7장1~25절

Key Point

하나님께서는 바로의 마음을 완악하게 하신 이유에 관하여 모세에게 알리시고 특별한 이적을 통해서 그의 마음을 견고케 하셨습니다. 이미 자신의 소명에서 하나님의 이적을 경험한 모세는 담대한 마음으로 바로에게 나아가 하나님의 이적을 보입니다. 이제 본격적인 애굽의 10가지 재앙에 관하여 살펴 볼 수 있으며 본 과에서는 피의 재앙을 다룹니다. 피의 재앙은 인간의 죄에 대한 하나님의 보편적인 심판으로서 가장 먼저 언급되어지고 있는 것입니다. 그것은 애굽을 향한 것만 아니라 모든 세대를 향한 경고입니다.

본문 이해

억압 받는 이스라엘(출 1장)에 대한 하나님의 구원의 계획은 한 가정을 통해서 이루어지며(출 2장), 모세에 대한 부르심으로(출 3-4장) 모세로 바로 앞에 서게 하셨습니다(출 5장). 그러나 완고한 바로는 모세의 말을 듣지 아니하고 이스라엘의 학대는 더욱 가중되었으며 이에 대한 모세의 부르짖음에 하나님께서는 다시 한 번 하나님의 언약을 확인하시며(출 6장) 이제 7-11장은 하나님께서 애굽 가운데 내린 10가지 재앙에 관하여 보여주십니다.

이처럼 하나님께서 애굽에 10가지 재앙을 내리심은 다음과 같은 이유입니다.

첫째, 10가지 재앙은 하나님의 권능입니다. 애굽의 술객들은 하나님의 세 번째 재앙인 '이'의 재앙 후에 "이는 하나님의 권능이니이다"(출 8:19)라고 고백합니다.

둘째, 10가지 재앙은 애굽에 대한 하나님의 진노입니다. 바로는 하나님의 여덟 번째 재앙 후에 이를 고백합니다.

"바로가 모세와 아론을 급히 불러 이르되 내가 너희의 하나님 여호와와 너희에게 죄를 지었으니"(출 10:16)

셋째, 10가지 재앙을 애굽의 신들에 대한 하나님의 진노의 심판입니다.

"애굽인은 여호와께서 그들 중에 치신 그 모든 장자를 장사하는 때라 여호와께서 그들의 신들에게도 벌을 주셨더라"(민 33:4)

이 외에도 많은 견해들이 있겠지만 분명한 것은 애굽의 재앙은 이 땅의 죄에 대한 하나님의 심판과 진노라는 것입니다.

■ 출애굽기 7-11장의 구조적 이해
　　출 7:1-7: 모세의 재소명
　　출 7:8-13: 바로와 모세의 2차 대면
　　출 7:14-25: 첫 번째 재앙: 피의 재앙
　　출 8:1-15: 두 번째 재앙: 개구리 재앙
　　출 8:16-19: 세 번째 재앙: 이의 재앙
　　출 8:20-32: 네 번째 재앙: 파리 재앙
　　출 9:1-7: 다섯 번째 재앙: 악질 재앙
　　출 9:8-12: 여섯 번째 재앙: 독종 재앙
　　출 9:13-35: 일곱 번째 재앙: 우박 재앙
　　출 10:1-20: 여덟 번재 재앙: 메뚜기 재앙
　　출 10:21-29: 아홉 번째 재앙: 흑암 재앙
　　출 11:1-10: 열 번째 재앙 경고: 장자의 죽음 예고

1. 상심한 모세에게 하나님께서 다시 하신 말씀을 살펴봅시다(1-7절).

하나님께서는 모세로 바로에게 신과 같이 되게 하고 형 아론은 그의 대언자가 될 것에 대하여 말씀하셨습니다. 하나님께서는 바로의 마음을 완악하게 하심은 하나님의 표징과 이적을 애굽 땅에 많이 행하시기 위함이었습니다. 하나님께서는 이스라엘 자손을 애굽에서 인도하여 내실 것을 다음과 같이 다시 말씀하셨습니다.

"바로가 너희의 말을 듣지 아니할 터인즉 내가 내 손을 애굽에 뻗쳐 여러 큰 심판을 내리고 내 군대, 내 백성 이스라엘 자손을 그 땅에서 인도하여 낼지라 내가 내 손을 애굽 위에 펴서 이스라엘 자손을 그 땅에서 인도하여 낼 때에야 애굽 사람이 나를 여호와인 줄 알리라 하시매"(4-5절)

2. 10가지 재앙에 앞서 행한 이적은 무엇이었습니까?(8-13절)

하나님께서는 10가지 재앙을 애굽 땅에서 나타내기 전에 먼저 모세와 아론을 더욱 굳세게 하고, 10가지 재앙을 통한 궁극적인 이스라엘 하나님의 승리됨을 보이시기 위한 이적으로 지팡이로 뱀이 되게 하셨습니다. 바로의 현인들과 마술사들도 그들의 지팡이로 뱀이 되게 하였으나 아론의 지팡이가 그들의 지팡이를 삼켰습니다. 그러나 바로의 마음이 완악하여 여호와의 말씀대로 모세와 아론의 말을 듣지 않았습니다.

3. 10가지 재앙 중에 첫 번째 재앙인 피의 재앙에 관하여 살펴봅시다 (14-25절).

하나님께서는 다음과 같이 모세에게 말씀하셨습니다.

"바로의 마음이 완강하여 백성 보내기를 거절하는도다 아침에 너는 바로에게로 가라 보라 그가 물 있는 곳으로 나오리니 너는 나일 강 가에 서서 그를 맞으며 그 뱀 되었던 지팡이를 손에 잡고 그에게 이르기를 히브리 사람의 하나님 여호와께서 나를 왕에게 보내어 이르시되 내 백성을 보내라 그러면 그들이 광야에서 나를 섬길 것이니라 하였으나 이제까지 네가 듣지 아니하도다 여호와가 이같이 이르노니 네가 이로 말미암아 나를 여호와인 줄 알리라 볼지어다 내가 내 손의 지팡이로 나일 강을 치면 그것이 피로 변하고 나일 강의 고기가 죽고 그 물에서는 악취가 나리니 애굽 사람들이 그 강 물 마시기를 싫어하리라 하라 여호와께서 또 모세에게 이르시되 아론에게 명령하기를 네 지팡이를 잡고 네 팔을 애굽의 물들과 강들과 운하와 못과 모든 호수 위에 내밀라 하라 그것들이 피가 되리니 애굽 온 땅과 나무 그릇과 돌 그릇 안에 모두 피가 있으리라"(14-19절)

모세와 아론이 여호와께서 명령하신 대로 행하여 바로와 그의 신하의 목전에서 지팡이를 들어 나일 강을 치니 그 물이 다 피로 변하고 나일 강의 고기가 죽고 그 물에서는 악취가 나니 애굽 사람들이 나일 강물을 마시지 못하며 애굽 온 땅에는 피가 있었습니다.

4. 피의 재앙에 대한 애굽 술객들과 바로, 그리고 애굽 사람들의 반응은 어떠했습니까?(22-24절)

애굽의 요술사들도 자기들의 요술로 물로 피를 만들므로 바로의 마음은 완악하여 모세의 말을 듣지 아니하고 돌이켜 자기 궁으로 들어가 그 일에 관심을 가지지도 않았습니다. 그러나 애굽 사람들은 나일 강 물을 마실 수 없으므로 나일 강 가를 두루 파서 마실 물을 구하였습니다.

5. 첫 번째 재앙, 피의 재앙의 의미는 무엇입니까?

피는 죽음을 의미하며 죽음은 죄의 삯입니다. 그러므로 물로 피로 만드심은 애굽에 내리신 심판이며 심판의 경고임을 분명합니다. 예수님께서 그의 사역의 시작을 물로 포도주로 만드시는 생명의 사역으로 시작하셨습니다(요 2:1-11). 그것은 은혜의 전조였습니다. 그러나 열 가지 재앙을 내리시며 그 첫 번째를 피의 재앙으로 내리심으로 하나님은 이 땅에 대한 하나님의 심판을 드러내신 것입니다.

여호와께서 나일 강을 치신 후 이레가 지났습니다.

묵상

01 이 땅에서 믿음의 사람들이 겪는 아픔과 고난과 절망과 어려움들의 이유는
    무엇입니까? 바로의 마음을 완악하게 하신 하나님을 통해서 생각하여 봅
    시다.

02 하나님의 재앙과 애굽 요술사들의 요술은 어떻게 다릅니까?

03 피의 재앙은 애굽 사람들과 이스라엘 자손에게 어떠한 의미가 있습니까?

되새김

피의 재앙에 대하여 완악하여 돌이켜 자기 궁으로 돌아가 이 일에 관심을 가지지
않은 바로의 모습은 이 세대의 모습을 대변합니다. 애굽 사람들은 나일 강 가를
두루 파서 마실 물을 구할 수 있을지 모르지만 장차 하나님의 심판에 대하여 그
누구도 피할 길을 찾을 수 없을 것입니다.

08

10가지 재앙
-개구리 이 재앙-
8장1~19절

Key Point

애굽의 10가지 재앙 중에 처음 세 개의 재앙은 애굽과 이스라엘 구분없이 주어진 심판입니다. 왜냐하면 이스라엘 또한 애굽과 함께 인간의 보편적인 죄악에 동참하였기 때문입니다. 특별히 하나님께서는 이 세 가지의 재앙에서 요술사들이 흉내를 내는 것조차 허락하시고 있는데 이것은 죄의 삯과 사단의 성품으로서의 불결함과 교만을 드러내심과 동시에 심판하시기 위함입니다.

본문 이해

1. 두 번째 재앙, 개구리 재앙에 관하여 하나님께서 모세에게 하신 말씀을 살펴봅시다(7장25-8장5절).

　피의 재앙이 있은 지 7일 후에 하나님께서는 모세에게 바로에게 말씀하시기를

"너는 바로에게 가서 그에게 이르기를 여호와의 말씀에 내 백성을 보내라 그들이 나를 섬길 것이니라 네가 만일 보내기를 거절하면 내가 개구리로 너의 온 땅을 치리라 개구리가 나일 강에서 무수히 생기고 올라와서 네 궁과 네 침실과 네 침상 위와 네 신하의 집과 네 백성과 네 화덕과 네 떡 반죽 그릇에 들어갈 것이며 개구리가 너와 네 백성과 네 모든 신하에게 기어오르리라 하셨다 하라"(1-4절)

고 하셨으며 아론에 향하여서는 '네 지팡이를 잡고 네 팔을 강들과 운하들과 못 위에 펴서 개구리들이 애굽 땅에 올라오게 하라'(5절) 하셨습니다.

2. 개구리 재앙에 대한 애굽 요술사들과 바로의 반응은 어떠했습니까?(7-15절)

　애굽의 요술사들도 자기 요술대로 개구리를 나와 애굽 땅에 올라오게

하였습니다. 첫 번째 재앙에서 재앙에 관하여 관심하지 않았던 바로는 두 번째 개구리 재앙에서는 모세와 아론을 불러 "여호와께 구하여 나와 내 백성에게서 개구리를 떠나게 하라 내가 이 백성을 보내리니 그들이 여호와께 제사를 드릴 것이니라"(8절)고 하였습니다. 그러나 모세의 간구로 개구리 재앙이 걷힌 후에 바로는 숨을 통할 수 있음을 볼 때 그 마음을 완강하게 하여 이스라엘 자손들을 보내지 않았습니다.

3. 두 번째 재앙, 개구리 재앙의 의미는 무엇입니까?

개구리에 대한 성서적 해석은 계시록 16장13절에서 찾을 수 있습니다. "또 내가 보매 개구리 같은 세 더러운 영이 용의 입과 짐승의 입과 거짓 선지자의 입에서 나오니"(계16:13) 개구리는 '더러움'의 도덕적 의미를 가집니다. 성경은 개구리들을 악한 권세의 상징으로 사용하고 있습니다. 피의 재앙이 죄의 삯을 기억케 하였다면 이제 개구리들은 사단의 성품인 더러움, 불결함을 보여줍니다.

4. 각각의 재앙은 바로에게 경고되어진 재앙과 경고와 없이 이루어진 재앙으로 구분되어집니다. 세 번째 재앙, 이 재앙에 관하여 하나님께서 모세에게 하신 말씀은 무엇입니까?(16절)

하나님께서는 모세에게 아론에게 명령하기를 '네 지팡이를 들어 땅의 티끌을 치라 하라 그것이 애굽 온 땅에서 이가 되리라'(16절)고 하라 하셨습니다.

5. 세 번째 재앙, 이 재앙은 어디에까지 미쳤습니까?(17절)

애굽 온 땅의 티끌이 다 이가 되었을 때 사람과 가축에까지 오르게 되었습니다.

6. 세 번째 재앙, 이 재앙에 대하여 요술사들과 바로는 어떻게 반응하였습니까?(18-19절)

요술사들이 자기 요술로 이같이 행하고자 하되 하지 못하였으며 요술사는 바로에게 고하되 '이는 하나님의 권능이니이다'(19절)고 하였습니다. 그러나 바로는 마음이 완악하게 되어 그들의 말을 듣지 않았습니다.

7. 세 번째 재앙, 이 재앙의 의미는 무엇입니까?

세 번째 재앙은 이의 재앙입니다. 여기서 특별히 살펴보아야 할 것은 이를 만든 '티끌'입니다. 하나님께서는 사람을 창조하시되 흙으로 창조하시고 거기에 호흡을 불어 넣으셨습니다. 사람을 흙으로 만드심은 인생에게 겸손을 가르쳐 주시기 위함이며 또한 영을 불어 넣으심은 우리를 존귀케 하기 위함입니다. 이제 티끌을 보며 우리는 더욱 겸손해 져야 합니다. 즉 세 번째 재앙은 '교만'을 뜻합니다.

묵상

01 세 번째 재앙은 바로에게 어떠한 경고도 없이 주어졌습니다. 하나님의 심판의 종류를 크게 두 가지로 나누어 봅시다.

02 하나님께서 애굽의 요술사들이 하나님의 재앙을 흉내내는 것을 허락하신 이유는 무엇입니까?

03 10가지 재앙 중에 처음 3가지 재앙은 어떻게 다른 재앙과 구분되어 집니까?

되새김

하나님의 재앙은 때때로 임박한 재앙에 대한 경고가 주어지기도 하나 때때로는 어떠한 재앙에 대한 경고 없이 주어지기도 합니다. 우리는 이러한 하나님의 심판하심에 대하여 두렵고 떨린 마음을 가져야 합니다. 특별히 애굽의 첫 번째 10가지 재앙이 이스라엘과 애굽 사이에 어떠한 구별도 없었다는 것을 생각하며 하나님의 심판은 어떠한 누군가를 향한 것이 아니라 바로 나를 향한 것임을 알고 믿음의 경종을 울려야 할 것입니다.

09

10가지 재앙 3
-파리 악질 독종의 재앙-
8장20~9장12절

Key Point

하나님께서는 10가지 재앙 중 4번째 재앙부터는 애굽과 이스라엘을 구분 짓기 시작하셨습니다. 곧 하나님의 심판은 불신자와 성도에게 다르게 주어지는 것입니다. 특별히 10가지 재앙 중 4,5,6번째 재앙은 애굽 사람들의 육신, 소유, 종교 전반에 걸친 심판으로 이루어집니다. 또한 우리는 이러한 세상에 대한 하나님의 심판과 함께 바로의 타협으로부터 우리가 결코 세상의 심판으로부터 자유롭지 않음을 상기하여야 할 것입니다.

본문 이해

1. 네 번째 재앙, 파리 재앙에 관하여 하나님께서 모세에게 하신 말씀을
살펴봅시다(20-23절).

하나님께서는 모세에게 바로에게 말하기를

"내 백성을 보내라 그러면 그들이 나를 섬길 것이니라 네가 만일 내
백성을 보내지 아니하면 내가 너와 네 신하와 네 백성과 네 집들에 파리
떼를 보내리니 애굽 사람의 집집에 파리 떼가 가득할 것이며 그들이 사
는 땅에도 그러하리라 그 날에 나는 내 백성이 거주하는 고센 땅을 구별
하여 그 곳에는 파리가 없게 하리니 이로 말미암아 이 땅에서 내가 여호
와인 줄을 네가 알게 될 것이라 내가 내 백성과 네 백성 사이를 구별하
리니 내일 이 표징이 있으리라"(20-23절)

고 하라 하셨습니다.

2. 바로의 첫 번째 타협안은 무엇이었습니까?(25절)

바로의 첫 번째 타협안은 '너희는 가서 이 땅에서 너희 하나님께 제
사를 드리라'(25절)는 것입니다. 곧 이 세상에서 하나님을 섬기라는 것
입니다.

3. 바로의 첫 번째 타협안에 대해서 모세는 무엇이라고 대답하였습니까?(26-27절)

바로의 첫 번째 타협안에 대해서 모세는

"그리함은 부당하니이다 우리가 우리 하나님 여호와께 제사를 드리는 것은 애굽 사람이 싫어하는 바인즉 우리가 만일 애굽 사람의 목전에서 제사를 드리면 그들이 그것을 미워하여 우리를 돌로 치지 아니하리이까 우리가 사흘길쯤 광야로 들어가서 우리 하나님 여호와께 제사를 드리되 우리에게 명령하시는 대로 하려 하나이다"(26-27절)

라고 대답하였습니다. 이 땅에서 너희 하나님께 제사를 드리라 함은 세상과 적당하게 타협하며 신앙생활을 하라는 유혹일 뿐입니다. 이에 관하여 모세는 '그리함은 부당하니이다'라고 말하고 있는 것입니다.

4. 바로의 두 번째 타협안은 무엇입니까?(28절)

바로는 말하기를 "내가 너희를 보내리니 너희가 너희의 하나님 여호와께 광야에서 제사를 드릴 것이나 너무 멀리 가지는 말라 그런즉 너희는 나를 위하여 간구하라"(28절)고 하였습니다. 바로는 이스라엘 백성들이 애굽 땅을 떠나 광야에서 예배드릴 것은 허락하나 멀리가지는 말라고 하였습니다.

그러나 우리는 세상으로부터 멀리 떠나야 할 것입니다. 세상으로부터 떠나라는 말씀이 세상에서 도피하라는 말씀이 아닌 것과 마찬가지로 성경에서 말하는 좌로나 우로나 치우치지 아니하는 신앙은 결코 평범한 신앙생활을 뜻하지 않습니다. 말씀은 분명히 차든지 뜨겁든지 하라고 말씀합니다. 미지근한 신앙, 회색 신앙은 불신앙 중에 불신앙입니다. 우리는 세상으로부터, 죄로부터 멀리 멀리 떠나야 할 것입니다. 세상을, 죄악을 곁에 두고 신앙생활 할 만큼 우리들은 강건한 사람들이 아닌 것입니다.

5. 네 번째 재앙, 파리 재앙의 의미는 무엇입니까?

파리 떼의 재앙은 이의 재앙보다 더욱 심각합니다. 이는 괴롭히지만 파리는 물고 있습니다. '쇠파리 떼를 그들에게 보내어 물게 하시고'(시 78:45). 즉 네 번째 재앙은 애굽인의 육신에 고통을 준 것으로 묘사되고 있습니다.

6. 다섯 번째 재앙, 악질(돌림병) 재앙에 관하여 살펴봅시다(9장1-7절).

하나님께서는 모세에게 바로에게 말하기를

"히브리 사람의 하나님 여호와께서 말씀하시기를 내 백성을 보내라 그들이 나를 섬길 것이니라 네가 만일 보내기를 거절하고 억지로 잡아 두면 여호와의 손이 들에 있는 네 가축 곧 말과 나귀와 낙타와 소와 양에게 더하리니 심한 돌림병이 있을 것이며 여호와가 이스라엘의 가축과 애굽의 가축을 구별하리니 이스라엘 자손에게 속한 것은 하나도 죽지 아니하리라 하셨다 하라 하시고 여호와께서 기한을 정하여 이르시되 여호와가 내일 이 땅에서 이 일을 행하리라"(1-5절)

고 하라 하셨습니다. 이튿날에 여호와께서 이 일을 행하시니 애굽의 모든 가축은 죽었으나 이스라엘 자손의 가축은 하나도 죽지 않았습니다. 바로가 사람을 보내어 본즉 이스라엘 가축은 하나도 죽지 않았음을 알고도 바로의 마음이 완강하여 백성을 보내지 않았습니다.

7. 다섯 번째 재앙, 악질(돌림병) 재앙의 의미는 무엇입니까?

이 심판은 애굽인들의 소유에 대한 심판입니다. 악인의 심판은 악인의 심판뿐만 아니라 악인의 소유까지 심판하십니다. 하나님은 악인의 형통을 기뻐하시지 않으십니다.

8. 여섯 번째 재앙, 독종(악성 종기) 재앙에 관하여 살펴봅시다(8-12절).

여호와께서 모세와 아론에게 이르시기를

"너희는 화덕의 재 두 움큼을 가지고 모세가 바로의 목전에서 하늘을 향하여 날리라 그 재가 애굽 온 땅의 티끌이 되어 애굽 온 땅의 사람과 짐승에게 붙어서 악성 종기가 생기리라"(8-9절)

하셨습니다. 그들이 화덕의 재를 가지고 바로 앞에 서서 모세가 하늘을 향하여 날리니 사람과 짐승에게 붙어 악성 종기가 생기고 요술사들도 악성 종기로 말미암아 모세 앞에 서지 못하였습니다. 악성 종기가 요술사들로부터 애굽 모든 사람에게 생겼습니다. 요술사로부터 시작되어진 종기는 특별한 의미를 가집니다.

  그러나 여호와께서 바로의 마음을 완악하게 하셨으므로 여호와께서 모세에게 말씀하심과 그들의 말을 듣지 않았습니다.

9. 여섯 번째 재앙, 독종(악성 종기) 재앙의 의미는 무엇입니까?(8-12절)

  세 번째 재앙인 이의 재앙을 어떠한 경고 없이 내리신 것과 마찬가지로 여섯 번째 재앙도 어떠한 재앙에 대한 경고 없이 주어집니다. 이의 재앙을 티끌로 통해 무엇을 의미하는지 가르쳐 주심과 같이 독종의 재앙도 우리는 독종을 일으킨 풀무의 재를 통해 살펴 볼 수 있습니다. 풀무의 재는 애굽의 신에게 드려진 희생제물의 재입니다. 그러므로 이를 통해서 볼 수 있는 것은 여섯 번째 재앙은 애굽의 종교의식에 대한 심판입니다.

묵 상

01   바로의 두 가지 타협안을 우리들의 삶 가운데 적용하여 봅시다.

02   고센 땅을 구분하신 하나님의 심판에서 우리는 어떠한 교훈을 얻을 수 있
     습니까?

03   10가지 재앙 중 두 번째 3가지 재앙은 무엇을 보여주고 있습니까?

되새김

하나님께서는 4번째 재앙부터 이스라엘 자손이 살고 있는 땅 고센 땅을 구분 지
으시기 시작하시지만 바로의 타협으로부터 우리는 세상의 심판에 속하는 자가
될 위기 가운데 있음을 인식하여야 합니다. 하나님의 불못은 사단을 위하여 준비
된 것이지만 세상의 타협에 빠지는 자는 결국 세상의 심판에 함께 하고 마는 것
입니다. "왼편에 있는 자들에게 이르시되 저주를 받은 자들아 나를 떠나 마귀와
그 사자들을 위하여 예비된 영영한 불에 들어가라"(마 25:41)

PART

10

10가지재앙 4
-우박 메뚜기 흑암의 재앙-
9장13~10장29절

Key Point

일곱 번째 재앙부터 아홉 번째 재앙은 이 땅에 대한 하늘의 심판을 보여줍니다. 이러한 심판은 점진적으로 가해지고 있는 것을 보여줍니다. 즉 처음 먹고 씻는 물을 피로 만드셨고 다음으로 개구리들이 집으로 침입하였으며 이가 그들의 육신을 괴롭혔습니다. 이의 재앙이 끝나는 듯 싶더니 파리 떼가 나타나 그들의 육체를 물어 뜯었고 그들의 소유와 그들의 의식 전반까지 심판 아래 놓이게 되었습니다. 한 숨 조차 돌릴 여유도 갖지 못하고 찾아온 우박, 우박에 남은 것들은 모조리 메뚜기에 의해서 해치움을 당하였습니다. 자신의 마음보다 더 어두운 흑암이 애굽에 덮었을 때 이제 저들이 기다릴 것은 죽음 밖에 없었습니다.

본문 이해

1. 일곱 번째 재앙, 우박 재앙에 관하여 하나님께서 모세에게 하신 말씀을 살펴봅시다(9장13-19절).

하나님께서는 모세에게 바로에게 말하기를

"히브리 사람의 하나님 여호와의 말씀에 내 백성을 보내라 그들이 나를 섬길 것이니라 내가 이번에는 모든 재앙을 너와 네 신하와 네 백성에게 내려 온 천하에 나와 같은 자가 없음을 네가 알게 하리라 내가 손을 펴서 돌림병으로 너와 네 백성을 쳤더라면 네가 세상에서 끊어졌을 것이나 내가 너를 세웠음은 나의 능력을 네게 보이고 내 이름이 온 천하에 전파되게 하려 하였음이니라 네가 여전히 내 백성 앞에 교만하여 그들을 보내지 아니하느냐 내일 이맘때면 내가 무거운 우박을 내리리니 애굽 나라가 세워진 그 날로부터 지금까지 그와 같은 일이 없었더라 이제 사람을 보내어 네 가축과 네 들에 있는 것을 다 모으라 사람이나 짐승이나 무릇 들에 있어서 집에 돌아오지 않는 것들에게는 우박이 그 위에 내리리니 그것들이 죽으리라 하셨다"(13-19절)

고 하라 하셨습니다.

2. 모세의 재앙 선언에 대하여 바로의 신하들은 어떻게 행하였습니까? (20-21절)

바로의 신하 중에 여호와의 말씀을 두려워하는 자들은 그 종들과 가축을 집으로 피하여 들였으나 여호와의 말씀을 마음에 두지 아니하는 자는 그 종들과 가축을 들에 그대로 두었습니다.

3. 일곱 번째 재앙부터는 하나님께서는 누구의 행위로 재앙이 시작되게 하셨습니까?(22-23절)

이전의 재앙들은 아론의 지팡이와 아론의 팔을 펴서 재앙을 일으켰으나 이제는 모세 자신을 통해서 하나님께서는 재앙이 애굽 가운데 일어나게 하셨습니다. 하나님께서는 애굽에 재앙을 일으키시며 그의 종 모세를 단련시키셨던 것입니다.

4. 일곱 번째 재앙, 우박 재앙과 바로의 완악함을 살펴봅시다(23-35절).

모세가 하늘을 향하여 지팡이를 들매 여호와께서 우렛소리와 우박을 보내시고 불을 내려 땅에 달리게 하셨습니다. 여호와께서 우박을 애굽 땅에 내리시매 우박이 내림과 불덩이가 우박에 섞여 내림이 심히 맹렬하니 나라가 생긴 그때로부터 애굽 온 땅에는 그와 같은 일이 없었습니다. 우박이 애굽 온 땅에서 사람과 짐승을 막론하고 밭에 있는 것을 쳤으며 우박이 또 밭의 모든 채소를 치고 들의 모든 나무를 꺾었으나 이스라엘 자손들이 있는 고센 땅에는 우박이 없었습니다.

이에 바로가 자신의 범죄를 고백하며 재앙을 멈추게 할 것을 구하였습니다. 그 때에 보리는 이삭이 나왔고 삼은 꽃이 피었으므로 삼과 보리가 상하였으나 밀과 쌀보리는 자라지 아니한 고로 상하지 않았습니다. 바로의 구함대로 모세의 간구로 재앙은 멈췄으나 바로가 다시 범죄하여 마음을 완악하게 하니 그와 그의 신하가 꼭 같았습니다. 바로의 마음이 완악하여 이스라엘 자손을 내보내지 않았습니다.

5. 일곱 번째 재앙, 우박 재앙의 의미는 무엇입니까?

일곱 번째 재앙으로부터 세 재앙은 모두 그 심판의 근원지가 하늘로부터임을 명시합니다. 이것은 인간의 죄악에 대한 심판이 어디로부터 오는가에 관하여 밝히는 것입니다. 특별히 우박의 심판은 거룩하신 하나님께서 죄를 미워하시는 하나님의 진노의 표현입니다.

6. 10장1-2절에서 알 수 있는 바 애굽에 내리신 재앙의 목적은 무엇입니까?(10장1-2절)

하나님께서는 바로와 그 신하들의 마음을 완강케 함은 그들에게 하나님의 표징을 보이시기 위함이시며 또한 하나님께서 애굽에서 행한 일들 곧 하나님께서 그 가운데서 행한 표징을 이스라엘 자손의 귀에 전하게 하심으로 그들로 하나님께서 여호와인 줄 알게 하시기 위함입니다.

7. 모세와 아론이 바로에게 나아가 말한 것을 살펴봅시다(3-6절).

모세와 아론은 바로에게 들어가 이르기를

"히브리 사람의 하나님 여호와께서 말씀하시기를 네가 어느 때까지 내 앞에 겸비하지 아니하겠느냐 내 백성을 보내라 그들이 나를 섬길 것이라 네가 만일 내 백성 보내기를 거절하면 내일 내가 메뚜기를 네 경내에 들어가게 하리니 메뚜기가 지면을 덮어서 사람이 땅을 볼 수 없을 것이라 메뚜기가 네게 남은 그것 곧 우박을 면하고 남은 것을 먹으며 너희를 위하여 들에서 자라나는 모든 나무를 먹을 것이며 또 네 집들과 네 모든 신하의 집들과 모든 애굽 사람의 집들에 가득하리니 이는 네 아버지와 네 조상이 이 땅에 있었던 그 날로부터 오늘까지 보지 못하였던 것이리라 하셨다"(3-6절)

고 하였습니다.

8. 여덟 번째 심판의 선언에 대하여 신하들은 어떻게 반응하였습니까?(7절)

바로의 신하들은 바로에게 말하기를 "어느 때까지 이 사람이 우리의 함정이 되리이까 그 사람들을 보내어 그들의 하나님 여호와를 섬기게 하소서 왕은 아직도 애굽이 망한 줄을 알지 못하시나이까"(7절) 하였습니다.

9. 바로의 세 번째 타협은 무엇입니까?(8-11절)

바로는 이스라엘 백성들이 애굽을 떠나되 아이들만은 남겨두고 장정만 가라고 말합니다. 오늘 날 많은 신앙의 부모들은 바로의 요구를 받아들여 이렇게 생각합니다. 신앙은 자유입니다. 따라서 어린 아이지만 그들이 성숙하여 선택할 수 있을 때까지 아무리 신앙이라도 강요할 수는 없다고 합니다. 그러나 이러한 생각은 바로의 요구이며 오늘 날 사단의 요구입니다. 부모가 자녀에게 줄 수 있는 가장 고귀한 것은 어떠한 재산이 아닙니다. 재능과 지식도 아닙니다. 부모가 자녀에게 줄 수 있는 가장 귀한 것은 하나님을 두려워하고 떨며 섬기는 신앙입니다.

만일 이스라엘 백성들이 자녀들을 애굽 땅에 남겨두고 그 곳을 떠났다면 그들의 신앙은 그들의 대에서 끝이 났을 것입니다. 그리고 그들이 가야했던 광야생활 속에서도 아이들에 대한 그리움과 후회만이 있을 것입니다. 이스라엘 백성의 부모들이 모진 광야 생활 속에서도 견딜 수 있었던 이유 중에 하나는 그래도 그들의 자녀 때문입니다. 그들의 소망이 자녀들에게 있었습니다. 그들은 비록 죽기까지 하나님께서 약속하신 약속의 땅인 가나안 땅에 들어갈 수 없었지만 그들의 자녀들을 바라보며 즐거움으로 끝까지 그 광야 길을 걸었고 그들의 자녀들을 보며 견디었습니다.

10. 여덟 번째 재앙, 메뚜기 재앙의 개요를 살펴봅시다(12-20절).

여호와께서 모세에게 이르시기를 '애굽 땅 위에 네 손을 내밀어 메뚜기를 애굽 땅에 올라오게 하여 우박에 상하지 아니한 밭의 모든 채소를 먹게 하라'(12절) 하셨습니다. 모세가 애굽 땅 위에 그 지팡이를 들매 여호와께서 동풍을 일으켜 온 낮과 온 밤에 불게 하시니 아침이 되매 동풍이 메뚜기를 불어 들였습니다. 메뚜기가 애굽 온 땅에 이르러 그 사방에 내리매 그 피해가 심하니 이런 메뚜기는 전에도 없었고 후에도 없을 것입니다. 메뚜기가 온 땅을 덮어 땅이 어둡게 되었으며 메뚜기가 우박에 상하지 아니한 밭의 채소와 나무 열매를 다 먹었으므로 애굽 온 땅에서 나무나 밭의 채소나 푸른 것은 남지 않았습니다.

바로가 모세와 아론을 급히 불러 이르되 내가 너희의 하나님 여호와와 너희에게 죄를 지었으니 바라건대 이번만 나의 죄를 용서하고 너희의 하나님 여호와께 구하여 이 죽음만은 내게서 떠나게 하라 하였습니다. 이에 모세가 바로에게서 나가 여호와께 구하매 여호와께서 돌이켜 강렬한 서풍을 불게 하사 메뚜기를 홍해에 몰아넣으시니 애굽 온 땅에 메뚜기가 하나도 남지 않았습니다. 그러나 여호와께서 바로의 마음을 완악하게 하셨으므로 이스라엘 자손을 보내지 않았습니다.

11. 여덟 번째 재앙, 메뚜기 재앙의 의미는 무엇입니까?

메뚜기 재앙은 하나님의 진노의 상징으로서 메뚜기는 이전의 재앙, 곧 우박의 재앙에서 상하지 아니한 밭의 모든 채소를 먹어버렸습니다.

12. 아홉 번째 재앙, 흑암의 재앙에 관하여 살펴봅시다. 그 의미는 무엇입니까?(21-23절)

아홉 번째 재앙 또한 이전의 세 번째 이 재앙과 여섯 번째 독종 재앙처럼 경고 없이 행하여졌습니다. 네 번째 파리 재앙부터 구별되었던 하나님의 애굽 심판으로 애굽에는 삼 일간의 흑암이 계속되었습니다.

어두움의 재앙은 하나님의 심판으로서 이제 하나님에 의하여 애굽이 버림을 받았다는 것을 알려줍니다. 특별히 이 애굽의 어둠의 재앙이 3일 동안 계속되었다는 것은 십자가에서도 3시간 동안의 흑암이 있었으며 예수님께서 무덤에 계셨던 3일을 생각나게 합니다.

13. 바로의 네 번째 타협은 무엇입니까?(24-26절)

사단의 마지막 요구는 여호와를 섬기되 너희 몸과 마음만 하나님께 드리고 너희 양과 소, 너희 가진 재물들은 애굽 땅에 머물러 두고 떠나라는 것입니다. 성경은 "네 재물이 있는 곳에 네 마음도 있다" 하였습니다. 비록 우리가 하나님께 예배를 드리되 결코 우리의 몸으로만 드리는 것을 뜻하지 않습니다(롬 12:1-2). 우리는 우리의 가진 그 모든 것으로 하나님을 섬기는 것입니다. 하나님께서 재물을 주신 자는 재물로서 하나님을 섬기고 하나님께서 재능을 주신 분은 그 재능을 가지고 하나님의 일을 하는 것입니다.

14. 바로와 모세의 마지막 경고는 무엇이었습니까?(28-29절)

바로는 모세에게 이르기를 "너는 나를 떠나가고 스스로 삼가 다시 내 얼굴을 보지 말라 네가 내 얼굴을 보는 날에는 죽으리라"(28절)고 하였으며 모세 또한 바로에게 "당신이 말씀하신 대로 내가 다시는 당신의 얼굴을 보지 아니하리이다"(29절) 라고 하였습니다.

■ 바로의 타협

바로의 타협	본문 내용	교훈
첫 번째 타협	"너희는 이 땅에서 너희 하나님께 제사를 드리라"(출 8:25)	세상에 머물게 함
두 번째 타협	"너무 멀리 가지는 말라" (출 8:28)	신앙의 적당주의
세 번째 타협	"너희 장정만 가서 여호와를 섬기라" (출 10:11)	가정 신앙교훅의 소홀
네 번째 타협	"너희는 가서 여호와를 섬기되 너희의 양과 소는 머물러 두고 너희 어린 것들은 너희와 함께 갈지니라"(출 10:24)	재물에 대한 교훈

묵상

01   바로의 세 번째 타협을 우리들의 삶 가운데 적용하여 봅시다.

02   바로의 네 번째 타협을 우리들의 삶 가운데 적용하여 봅시다.

03   10가지 재앙 중 세 번째 3가지 재앙은 무엇을 보여주고 있습니까?

되새김

7번째 재앙부터 세 재앙은 이 땅에 대한 하늘의 심판입니다. 하나님의 심판은 점
진적으로 이루어져서 마침내 온 땅에 대한 하나님의 심판이 이 땅에 부어지는 것
입니다. 그러나 이러한 점진적인 하나님의 심판에도 불구하고 강퍅한 바로의 마
음은 바로 이 세대의 모습을 보여줍니다. 결국 회개하지 못한 자에게 남은 것은
무엇인지 다음의 재앙이 이를 보여줍니다.

PART

11

10가지 재앙 5
-장자의 죽음 예고-
11장1~10절

Key Point

애굽의 재앙은 마침내 장자의 죽음으로 끝을 맺게 되었습니다. 세상에 대한, 죄에 대한 하나님의 심판은 바로 죽음입니다. 이 죽음의 형벌은 앞으로 살펴보게 되는 유월절 제정과 깊은 관련을 가집니다. 참되게 애굽과 이스라엘을 구분하셨던 것은 하나님의 임의적인 구분이 아니라 바로 이 유월절과 관련이 있는 것입니다. 추가적으로 우리는 이 과에서 이전에 배웠던 10가지 재앙을 다시 한번 정리할 수 있어야 할 것입니다.

본문 이해

■ 10가지 재앙과 관련된 애굽의 신들[10]

NO	재앙의 종류	관련된 신
1	피	나일강의 신 '크눔'과 '하피'
2	개구리	부활과 다산의 신 '헥트'
3	이	땅의 신 '셉'
4	파리	곤충의 신 '하트콕'
5	악질	황소의 신 '아피스'와 '므네비스', 암소의 신 '하도르'
6	독종	의술의 신 '임호텝'과 '타이폰'
7	우박	하늘의 신 '누트'와 대기의 신 '수'
8	메뚜기	곤충의 재앙을 막는 신 '세라피아'
9	흑암	태양의 신 '라'와 여신 '세케트'
10	장자의 죽음	다산의 신 '오시리스'와 생명의 신 '이시스'

1. 열 번째 재앙에 관하여 모세가 바로에게 한 말을 살펴봅시다(4-8절).

모세는 바로에게 향하여

---

10) Currid, 『Ancient Egypt and the Old Testament』(Grand Rapid: Baker Books, 1997), pp. 104-120. 이 외에도 다양한 책에서 애굽의 신들과 재앙의 관계에 관하여 설명합니다.

"여호와께서 이와 같이 말씀하시기를 밤중에 내가 애굽 가운데로 들어가리니 애굽 땅에 있는 모든 처음 난 것은 왕위에 앉아 있는 바로의 장자로부터 맷돌 뒤에 있는 몸종의 장자와 모든 가축의 처음 난 것까지 죽으리니 애굽 온 땅에 전무후무한 큰 부르짖음이 있으리라 그러나 이스라엘 자손에게는 사람에게나 짐승에게나 개 한 마리도 그 혀를 움직이지 아니하리니 여호와께서 애굽 사람과 이스라엘 사이를 구별하는 줄을 너희가 알리라 하셨나니 왕의 이 모든 신하가 내게 내려와 내게 절하며 이르기를 너와 너를 따르는 온 백성은 나가라 한 후에야 내가 나가리라"(4-8절)

고 말한 후에 심히 노하여 바로에게서 나왔습니다.

2. 열 번째 재앙, 장자의 죽음의 재앙의 의미는 무엇입니까?
장자의 죽음은 곧 모든 심판의 종결로서 하나님의 심판의 형벌이 무엇인가를 보여주는 것입니다.

3. 하나님의 심판이 애굽인과 이스라엘 자손들을 구분 지었던 말씀들을 살펴봅시다.
하나님의 이스라엘 자손을 구분 지었던 것은 열 가지 재앙 중에 네 번째 재앙, 파리 재앙부터였습니다. 이것은 하나님 심판이 구분 없이 모든 사람에게 주어지는 것이 아님을 보여주는 것으로 파리재앙:출 8장 22-23절, 악질 재앙: 출 9장4절, 독종 재앙: 출 9장9절, 우박 재앙: 9장

25-26절, 메뚜기 재앙: 출 10장15절, 흑암의 재앙: 출 10장22-23절에서 볼 수 있습니다. 이 중에 이스라엘 자손에 대한 직접적인 언급이 없었던 독종 재앙, 메뚜기 재앙은 이 재앙의 목표가 무엇인가를 확연하게 보여주는 것입니다. 하나님의 재앙은 이스라엘 자손을 구분하였을 뿐만 아니라 정확한 심판의 대상을 드러냅니다.

4. 10가지 재앙의 점진성에 대하여 살펴봅시다.

심판은 점진적으로 가해지고 있는 것을 보여줍니다[11]. 즉 처음 먹고 씻는 물을 피로 만드셨고 다음으로 개구리들이 집으로 침입하였으며 이가 그들의 육신을 괴롭혔습니다. 이의 재앙이 끝나는 듯 싶더니 파리 떼가 나타나 그들의 육체를 물어 뜯었고 그들의 소유와 그들의 의식 전반까지 심판 아래 놓이게 되었습니다. 한 숨 조차 돌릴 여유도 갖지 못하고 찾아온 우박, 우박에 남은 것들은 모조리 메뚜기에 의해서 해치움을 당하였습니다. 자신의 마음보다 더 어두운 흑암이 애굽에 덮었을 때 이제 저들이 기다릴 것은 죽음 밖에 없었습니다.

5. 10가지 재앙의 구조를 살펴봅시다.

열가지 재앙은 피, 개구리, 이, 파리, 악질, 독종, 우박, 메뚜기, 흑암, 장자의 죽음의 순입니다. 3-3-3-1의 구조로 나누어 첫 번째 세 가지 재앙은 애굽인과 이스라엘이 동일하게 받습니다. 이는 죄의 삶에 대한

---

11) A. W. Pink, 『출애굽기 (상)』, 114쪽.

심판과 사단의 성품인 더러움과 교만됨에 애굽과 함께 이스라엘이 동일하게 참여했기 때문입니다. 그러나 두 번째 세 재앙부터 하나님께서는 애굽과 이스라엘의 땅을 구분짓기 시작하십니다. 두 번째 재앙 속에서 우리는 하나님의 애굽의 육신과 소유와 그들의 종교 의식 전반에 대한 심판을 보게 됩니다. 그리고 마지막 세 번째 세 재앙은 이 땅에 대한 하늘의 재앙을 보여줍니다. 이러한 구조는 심판이 점진적으로 가해지는 것을 보여줍니다. 나누어진 세 가지 재앙들의 첫 번째 두 번째 재앙은 심판이 경고되어지나 마지막 재앙들 즉, 3,6,9번째의 재앙들은 경고 없이 주어집니다. 하나님의 심판은 우리들에게 때때로 경고로써 회개의 시간을 주기도 하지만 예고 없이 다가오기도 합니다. 그러므로 우리는 더욱 하나님의 심판을 두려워하며 우리의 헛된 길을 돌이켜야 하는 것입니다.

6. 10가지 재앙의 내향적인 통일성에 관하여 살펴봅시다.

10가지 재앙은 내향적으로도 통일성을 가지고 있습니다[12]. 첫 피의 재앙은 열 번째 재앙에서 장자의 죽음으로 실현되었습니다. 두 번째 개구리는 밤의 피조물입니다. 이는 아홉 번째 흑암으로 실현되었습니다. 세 번째 재앙에서 요술사들은 하나님의 재앙을 하나님의 권능이라고 소리 질렀는데(출 8:19) 여덟 번째 재앙에서 역시 바로가 자신의 득죄함을 고백하였습니다(출 10:16). 네 번째 재앙부터 하나님께서는 고센

---

12) A. W. Pink, 『출애굽기 (상)』, 113쪽.

땅을 구별하셨는데 일곱 번째 재앙에서 역시 통일성이 유지가 됩니다(출 8:22, 출 9:26). 마지막으로 다섯 번째 재앙과 여섯 번째 재앙은 모두 애굽 사람들의 가축만 심판받았다는 것을 보여줍니다. 우리는 이러한 10가지 재앙의 놀라운 내적 통일성으로부터 성령의 내적 의도를 살필 수 있으며 또한 살펴야 할 것입니다.

묵상

01 　장자의 죽음으로서 하나님의 심판을 나타내신 이유는 무엇입니까?

02 　10가지 재앙으로부터 내가 배운 바는 무엇입니까?

되새김

우리는 지금까지 10가지 재앙에 대하여 살펴보았습니다. 열 가지 재앙은 단순한 10가지 재앙의 나열이 아닌 깊은 메시지를 담고 있음을 살필 수 있었습니다. 하나님의 심판이 가지는 구조와 예표, 점진성과 내적 통일성, 목적과 구분하심은 각각의 의미를 우리들에게 주고 있는 것입니다.

12

유월절
12장1~51절

Key Point

출애굽기 12장은 유월절에 대한 규례에 관하여 전합니다. 이는 예수 그리스도의 십자가의 은혜를 예표하며 신앙의 시작과 출발이 어떠함을 알게 합니다. 구원은 유월절 어린양이 되신 예수 그리스도의 피로 말미암은 은혜의 사건이며 신앙의 출발입니다.

본문 이해

　7장으로부터 시작된 애굽에 대한 10가지 재앙은 11장의 마지막 열 번째 재앙에 대한 예고로 끝이 나고 12장에서는 유월절 규례에 관하여 전합니다. 애굽에 선포된 열 번째 재앙은 애굽 사람들에게만이 아닌 유월절을 지키지 않는 모든 사람에게 향한 것입니다. 4번째 재앙부터 애굽과 이스라엘의 고센 땅을 구별하셨던 하나님께서는 이 유월절 규례를 통해서 구별하십니다. 하나님의 심판에 대한 건짐은 참된 유월절 어린양이 되신 예수 그리스도의 십자가로 말미암은 것입니다. 곧 문 좌우 설주와 인방에 발라졌던 어린 양의 피와 같이 주 예수 그리스도의 피의 은혜를 입은 자만이 하나님의 진노의 심판으로부터 건진 바 될 수 있는 것입니다. 이스라엘의 구원은 유월절 절기의 준수와 장자의 심판으로부터 보는 바 하나님의 진노의 심판으로부터의 구원입니다. 그러나 이는 구원에 대한 시작이며 출발입니다. 구원은 단지 하나님의 진노와 심판으로부터 구원 받음이 목적이 아닌 그의 얼굴로, 그 분의 대행자로 세움을 목적으로 하기 때문입니다. 그러므로 구원은 절대적으로 과정으로 이해되어야 하는 이유가 여기에 있는 것입니다.

■ 출애굽기 12장의 구조적 이해
　　출 12:1-14: 유월절 규례
　　출 12:15-20: 무교절 규례

출 12:21-28: 첫 유월절의 준수

출 12:29-36: 열 번째 재앙-장자의 죽음

출 12:37-42: 출애굽한 이스라엘

출 12:43-51: 추가적인 유월절 규례

1. 유월절에 관하여 연구하여 봅시다.

1) 유월절에 관련된 구절들을 살펴봅시다.

출 12장1-13장16절, 출 23장15절, 출 34장18-20절, 레 23장4-8절, 민 9장1-14절, 민 28장16-25절, 신 16장1-8절

2) 유월절이 있는 달이 해의 첫 달이 되었습니다(2절).

"이 달을 너희에게 달의 시작 곧 해의 첫 달이 되고 하고"(2절)

유월절의 달이 이스라엘의 한 해의 시작이 되었습니다. 예수님의 오심으로 말미암아 BC(Before Christ: 주님이 오시기 전)와 AD(Anno Domini: 우리 주님의 해에)가 나뉘듯이 참된 유월절 어린양의 예표가 되는 유월절로 말미암아 이스라엘은 새로운 국가력을 가지게 된 것입니다. 이것은 우리들의 신앙과 믿음의 시작이 예수 그리스도로 말미암은 것을 상기시키는 것으로서 믿음의 안목으로 볼 때에 예수님을 그 마음에 영접하기 이전의 우리들의 삶은 아무런 의미가 없음과 예수님으로 말미암아 우리들의 삶의 진정한 의미를 가짐을 가르치는 것입니다.

3) 어린양은 유월절이 있는 이 달 열흘에 취하여졌습니다(3-4절).
"이 달 열흘에 너희 각자가 어린 양을 잡을지니…"(3절)

어린 양이 달의 열흘에 취하여졌다는 것은 곧 창세전에 계신 분이 비로서 계시되는 것을 예표하는 것입니다. 유월절의 밤을 달의 첫 날을 삼지 않음은 우연이 아닌 하나님의 시간적인 계획 속에서 주어진 것입니다.

"오직 흠 없고 점 없는 어린 양 같은 그리스도의 보배로운 피로 한 것이니라 그는 창세 전부터 미리 알리신 바 된 자나"(벧전 1:19)

4) 어린 양은 흠없고 일 년 된 수컷으로 하되 양이나 염소 중에서 취하여졌습니다(5절).
"너희 어린 양은 흠 없고 일 년 된 수컷으로 하되 양이나 염소 중에서 취하고"(5절)

참된 유월절 어린 양은 오직 예수 그리스도임은 이 땅에는 엄밀한 의미의 흠 없고 점 없는 어린 양이 없기 때문입니다. 유월절 어린 양의 언급에서 3절 어린 양, 4절 그 어린 양, 5절 너희 어린 양은 언제나 단수로 표현된 바 이는 바로 진정한 유월절 어린 양인 예수 그리스도를 예표하는 것입니다.

5) 십 사일까지 간직하였다가 해 질 때에 이스라엘 회중이 그 양을 잡았습니다(6절).

"이 달 열나흘날까지 간직하였다가 해질 때에 이스라엘 회중이 그 양을 잡고"(6절)

열흘에 취하여진 양은 십 사일까지 간직되었습니다. 곧 창세로부터 알려진 예수 그리스도께서 이 땅에 나타나신바 되었다가 공생애의 기간을 보내게 됩니다. 또한 이 어린양은 해 질 때에 잡히게 되었는데, 참된 유월절 어린양은 이스라엘 온 회중의 '십자가에 못 박으소서!'는 외침 아래 유월절 어린 양이 도살되어지는 시간에 죽으셨습니다. 해 질 때에란 원어로 '두 저녁들 사이'로 해가 기울기 시작하는 3시~5시의 첫 번째 저녁과 해가 지는 시간인 6시~7시 사이를 가르킵니다. 주님께서는 바로 유월절 어린 양이 도살되어지는 시간인 오후 3시에 죽으신 것입니다.

6) 그 피로 양을 먹을 집 문 좌우 설주와 인방에 발랐습니다(7절).

"그 피를 양을 먹을 집 좌어 문설주와 인방에 바르고"(7절)

양의 피를 집 문 좌우 설주와 인방에 바름은 모형적으로 십자가의 그림을 우리들에게 보여줍니다. 예수로 말미암아 구원을 받는 사람들은 자신의 도덕적인 정결함으로 말미암은 것이 아니라 바로 예수 그리스도의 구속의 피로 말미암은 것입니다. 그러나 이는 단순히 십자가를 모형적으로 보여주는 것이 아닙니다. 우리는 인방의 피에서 예수 그리스도의 이마의 피를 보며, 좌우 설주의 피에서 예수 그리스도의 못 박힌 양 손의 피를 보며, 문지방에 있는 피에서 못 박힌 발에서 흐르는 피를 보는 것입니다. 하나님께서는 보신 것은 양의 피가 아닌 예수 그리스도의 피였습니다.

7) 그 밤에 그 고기를 불에 구워 무교병과 쓴 나물과 아울러 먹되 날로나 물에 삶아서 먹지 말고 머리와 다리와 내장을 다 불에 구워 먹었습니다(8-9절).

"그 밤에 그 고기를 불에 구워 무교병과 쓴 나물과 아울러 먹되 날것으로나 물에 삶아서 먹지 말고 머리와 다리와 내장을 다 불에 구워 먹고"(8-9절)

양의 고기가 구워짐은 예수 그리스도가 대속한 죄를 향한 하나님의 불의 심판을 의미하는 것입니다. "한 번 죽는 것은 사람에게 정해진 것이요 그 후에는 심판이 있으리니"(히 9:27)의 말씀에서 같이 예수 그리스도의 죽음은 단순한 죽음이 아닌 하나님의 진노와 심판에 의한 것임을 이 '불'은 가르칩니다(고후 5:21, 갈 3:13). 이제 이 양의 고기를 무교병과 쓴 나물과 함께 먹는다는 것은 누룩이 없는 '무교병'으로 우리는 죄 가운데 하나님과 사귐을 가질 수 없음과 '쓴 나물'은 애굽에서 이스라엘 백성들이 가졌던 고난으로 한편으로 쓴 나물은 고난으로부터 해방케 하신 은혜에 대한 감사와 다른 한편으로 다시는 종의 상태로 돌아가지 않겠다는 결단과 회개를 의미합니다.

8) 아침까지 남겨 두지 말며 아침까지 남은 것은 곧 불살랐습니다(10절).

"아침까지 남겨두지 말며 아침까지 남은 것은 곧 불사르라"(10절)

이는 예수 그리스도의 속죄사역이 점진적으로 이루어진 일이 아닌 완성된 일임을 알게 합니다.

"염소와 송아지의 피로 하지 아니하고 오직 자기의 피로 영원한 속죄를 이루사 단번에 성소에 들어가셨느니라"(히 9:12)

9) 허리에 띠를 띠고 발에 신을 신고 손에 지팡이를 잡고 급히 먹었습니다(11절).

"너희는 그것을 이렇게 먹을지니 허리에 띠를 띠고 발에 신을 신고 손에 지팡이를 잡고 급히 먹으라 이것이 여호와의 유월절이니라"(11절)

허리에 띠를 띰과 발에 신을 신고 손에 지팡이를 잡고 급히 먹음은 모두 우리들의 순례의 길을 보여줍니다. 우리는 이 땅에서 정착하고 머물러서는 안됩니다. 죄는 이전의 삶에 머물게 하며 늦추게 하나 믿음은 떠나는 것이며 나아가는 것입니다. 애굽에서 첫 번째 유월절을 보내었던 저들의 자세는 세상 속에서 살아가는 우리들에게도 믿음의 자세에 관하여 가르칩니다.

10) 성경에서 유월절이 지켜진 예들을 찾아 봅시다(14절).

첫째, 애굽에서(출 12-13장) 둘째, 광야에서(민 9장), 셋째, 가나안에 들어갔을 때(수 5장) 넷째, 히스기야 왕 때(대하 30장), 다섯째, 요시야 왕 때(대하 35장) 여섯 번째, 포로 귀환 후(스 6장) 마지막 일곱째는 신약에 나타나신 바 예수 그리스도께서 참된 유월절 어린양으로 나타나신 것입니다.

11) 우슬초 묶음을 취하여 그릇에 담은 피에 적시어서 그 피를 문 인방과 좌우 설주에 뿌리고 아침까지 한 사람도 집 문밖에 나가지 말아야 했습니다(22절).

"우슬초 묶음을 가져다가 그릇에 담은 피에 적셔서 그 피를 문 인방과 좌우 설주에 뿌리고 아침까지 한 사람도 자기 집 문 밖에 나가지 말라"(22절)

우슬초는 무엇을 정화시키거나 더러워지는 것을 깨끗하게 하는 성질을 소유하는 것으로 여겨져 각종 정결 예식의 도구로 사용되었습니다(레 14:51, 민 19:18, 왕상 4:33, 시 51:7). 그러므로 유월절 어린 양의 피는 우리를 향한 예수 그리스도의 속죄의 피임을 알게 하십니다. 더욱이 피가 발라진 자리인 인방과 문설주와 문지방의 피는 명확하게 예수 그리스도의 십자가를 상징적으로 보여줍니다. 단순한 십자가의 모형이 아닌 십자가 위에서 피 흘리셨던 예수 그리스도의 이마와 양 손, 양 발을 너무나도 정확하게 보여줍니다.

2. 유월절 밤에 어떠한 일이 일어났습니까?(29-32절)

밤중에 하나님께서 애굽 땅에서 모든 처음 난 것 곧 위에 앉은 바로의 장자로부터 옥에 갇힌 사람의 장자까지와 생축의 처음 난 것을 다 치셨습니다. 그 밤에 바로와 그 모든 신하와 모든 애굽 사람이 일어나고 애굽에 큰 부르짖음이 있었습니다. 이는 그 나라에 죽임을 당하지 아니한 집이 하나도 없었기 때문입니다. 밤에 바로가 모세와 아론을 불러서 "너희와 이스라엘 자손은 일어나 내 백성 가운데서 떠나 너희의 말대로 가서 여호와를 섬기며 너희가 말한 대로 너희 양도 너희 소도 몰아가고 나를 위하여 축복하라"(31-32절)고 하였습니다.

3. 이스라엘 자손은 무엇을 가지고 애굽을 떠났습니까?(33-35절)

이스라엘은 속히 애굽에서 떠나 발교되지 못한 반죽 담은 그릇을 옷에 싸서 어깨에 매고 애굽 사람에게 은금 패물과 의복을 구하여 애굽 사람의 물품을 취하여 떠났습니다. 이스라엘 백성들이 급히 나옴으로 누룩이 없는 떡인 무교병을 가지고 나왔는데 신명기 16장3절에서는 이를 고난의 떡이라고 합니다. 성도는 이 고난의 떡으로 말미암아 출애굽을 기념하며 현재의 고난 속에서 미래의 영광으로 나아가야 할 것입니다. 이스라엘은 애굽 사람에게 은금 패물과 의복을 구하여 애굽 사람의 물품을 취하여 떠났는데 그들은 종으로서 마땅한 삯을 받았으며, 이는 하나님 말씀에 대한 성취이며(창 15:14), 앞으로 거룩한 일에 쓰임이 됩니다.

4. 이스라엘 자손이 애굽에서 나옴을 살펴봅시다(37-42절).

1) 출애굽의 출발 장소와 첫 번째 도착장소는 어디입니까?(37절)

이스라엘 자손은 라암셋에서 떠나서 숙곳에 이르렀습니다.

2) 출애굽한 사람들의 규모를 살펴봅시다(37-38절).

유아 외에 보행하는 장정이 육십만 가량이며 수많은 잡족과 양과 소와 심히 많은 가축이 그들과 함께 하였습니다.

3) 출애굽한 이스라엘 자손은 무엇을 먹었습니까?(39절)

그들은 가지고 나온 발교되지 못한 반죽으로 무교병을 구워 먹었습니다. 그들은 애굽에서 쫓겨남으로 지체할 수 없었으며 아무 양식도 준비하지 못하였기 때문입니다.

4) 이스라엘 자손이 애굽에 거주한 기간은 얼마입니까?(40절)

이스라엘 자손은 애굽에서 430년간 거주하였습니다.

5. 이방 사람에 대한 유월절 규례는 무엇입니까?(43-51절)

이방 사람은 먹지 못할 것이나 각 사람이 돈으로 산 종은 할례를 받은 후에 먹을 수 있었습니다. 거류인과 타국 품군은 먹지 못하나 타국인이 여호와의 유월절을 지키고자 하거든 그 모든 남자는 할례를 받은 후에 지킬 수 있었으며 이들은 본토인과 같이 여겨졌습니다.

6. 유월절 어린양은 어떻게 먹어야 했습니까?(46절)

유월절 어린양은 한 집에서 먹되 그 고기를 조금도 집 밖으로 내지 못하였으며 뼈도 꺾지 않았습니다. 곧 하나님의 은혜는 교회 안에 존재하는 것이며 유월절 어린양의 뼈를 꺾지 않음은 예수의 뼈가 꺾이지 않음을 통해서 성취되었습니다.

묵상

01 유월절 어린양과 예수 그리스도를 비교하여 봅시다.

02 무교절의 무교병과 쓴 나물이 주는 교훈에 관하여 나누어 봅시다.

03 신앙의 과정에서 유월절이 주는 교훈은 무엇입니까?

되새김

유월절은 신앙의 시작과 출발입니다. 이는 하나님의 준비되어진 어린 양이 되신 예수 그리스도로 말미암아 은혜로 시작하는 것입니다. 비록 신앙의 시작은 은혜로 말미암은 것이나 이는 이전과 전혀 다른 삶을 요구받습니다. 이스라엘은 그들이 유월절의 어린양의 피로 죽음을 면케 되어진 바로 그 날에 애굽에서 나왔습니다. 이는 여호와의 밤입니다(출 12:42).

출애굽기

제2부

광야훈련
(13-18장)

PART

13

신앙의 오리엔테이션
13장1~22절

Key Point

출애굽기 13장은 믿음의 사람들에게 주시는 신앙의 오리엔테이션입니다. 예수 그리스도
의 대속의 피로 구원을 받은 자가 어떻게 믿음의 여정의 삶을 살아야 할지를 알게 하십니
다. 구원은 삶의 종착지가 아닌 시작입니다.

본문 이해

1-12장의 말씀이 애굽을 배경으로 한 출애굽기 말씀의 제1부가 된다면 13-18장은 장소적으로 광야를 배경으로 한 출애굽의 제2부가 됩니다. 아직 출애굽기 13장은 장소적으로는 애굽을 배경으로 하고 있지만 그 교훈은 애굽에 속한 자가 아닌 광야에 속한 자를 위한 것입니다. 더 나아가 13장의 메시지는 이제 광야 생활을 시작하는 자들에게 중요한 가르침이 준다는 의미에서 신앙의 오리엔테이션이 됩니다.

제1차 신앙의 오리엔테이션	제2차 신앙의 오리엔테이션	제3차 신앙의 오리엔테이션
출애굽기 13장	민수기 9-10장	여호수아 5장
1. 무교절	1. 유월절	1. 할례
2. 초태생 규례	2. 불기둥 구름기둥	2. 유월절
3. 불기둥 구름기둥	3. 은 나팔	3. 여호와의 군대 대장

앞으로 모세오경의 말씀을 지나 여호수아까지의 말씀에서 세 번의 신앙의 오리엔테이션이 있음을 보게 되어질 것입니다. 애굽을 떠나 광야로 신앙의 여정을 시작하는 자에 대한 오리엔테이션이 출애굽기 13장의 말씀이라면, 시내산을 떠나는 자를 위한 두 번째 오리엔테이션은 민수기 9-10장의 말씀이 되며, 마지막으로 가나안 땅에 입성하게 되는

자들을 위한 세 번째 오리엔테이션은 여호수아 5장의 말씀이 됩니다. 각각의 자세한 의미와 교훈에 관하여서는 민수기의 말씀과 여호수아의 말씀을 통해 살펴보게 될 것입니다.

구원은 홍해를 건너가며 이루어진 것이 아니라 그 이전에 유월절 어린양의 피로 말미암아 구원을 받은 것입니다. 홍해 도하와 출애굽은 은혜를 받고 구원을 받은 하나님의 백성들이 걸어야 할 신앙의 여정을 의미합니다. 그러므로 이제 이러한 신앙의 여정에 앞서 출애굽기 13장은 이에 관한 오리엔테이션이 되는 것입니다.

제1차 신앙의 오리엔테이션은 믿음의 삶을 시작함에 있어서 그들이 배워야 하고 새겨야 하며, 지켜야 할 세 가지 교훈에 관한 말씀입니다. 곧 무교절은 죄를 멀리하는 삶에 관하여 교훈하며, 초태생 규례는 하나님을 섬기는 법에 관한 교훈이며, 불기둥과 구름 기둥은 하나님의 인도하심, 성령의 인도하심을 받는 삶에 대한 교훈이 됩니다.

■ 출애굽기 13장의 구조적 이해
　　출 13장1-10절: 무교절에 관한 규례에 관하여
　　출 13장11-16절: 초태생에 관한 규례
　　출 13장17-22절: 구름 기둥과 불 기둥

1. 무교절에 관한 규례와 그 교훈은 무엇입니까?(3-10절)

신앙의 오리엔테이션은 크게 성자 하나님께 대한 예우와 성부 하나님께 대한 예우와 성령 하나님께 대한 예우로서 정리할 수 있습니다. 먼저 우리에게 성자 하나님이신 예수 그리스도의 은혜에 관하여 알게 하십니다. 이스라엘은 어떠한 노력과 공로 없이 은혜로 구원함을 받았습니다. 무교절의 절기는 이러한 은혜에 대하여 기념하는 절기입니다(3절).

신앙의 첫 번째 오리엔테이션은 먼저 성자 하나님께 대한 예우를 가르치십니다. 첫째, 성자 하나님인 예수 그리스도께 대한 예우는 그 은혜를 기억하며 바로 죄를 멀리하는 것입니다. 무교절 절기의 규례의 중심에는 누룩을 제하고 유교병을 먹지 않음에 있습니다. 이는 하나님의 은혜에 대한 고백입니다. 은혜에 대한 고백을 가진 사람들은 누룩을 제하듯 자신의 죄에 대한 고백과 회개가 있어야 합니다(3절).

둘째, 은혜에 대한 고백은 또한 자신의 신분에 대한 확인을 하는 것입니다. 이전에는 애굽의 종이 되었고 죄의 종이었으나 이제는 하나님의 자녀요, 거룩한 신분을 가진 자요, 하나님의 장자로서의 삶을 살아야 합니다. 애굽에서 바로의 종이 되었던 그들은 이전에는 바로를 위하여 살았으나 이제는 하나님의 장자로서 하나님을 위하여 사는 것입니다(4-7절).

셋째, 믿음의 사람들은 하나님의 은혜 가운데 있는 자이며 또한 자신의 이 은혜를 전수하여야 합니다. 신앙은 반드시 전수되어지고 물려주어야 할 위대한 유산입니다(8-9절).

2. 초태생에 관한 규례와 그 교훈은 무엇입니까?(1-2, 3-10절)

앞선 무교절의 규례가 성자 하나님과의 관계 속에 있다면, 초태생에 관한 규례는 성부 하나님께 대한 예우를 가르칩니다. 신앙생활은 이전에는 세상을 섬기고, 자기를 위하여 사는 삶에서 하나님을 향하며, 하나님을 섬기는 삶의 전환을 의미합니다.

첫째, 성부 하나님께 대한 예우는 소유권의 이전입니다. 초태생은 거룩히 구별되어야 합니다. 이는 자신의 것이 아니라 하나님의 것임을 인정하고 고백하는 것입니다. 이스라엘은 애굽의 장자들이 죽음을 당하는 그 밤에 살림을 받았습니다. 신앙은 소유권의 이전을 의미하는 것입니다. 이제는 나의 것이 아닌 하나님의 것입니다(출 13:1-2, 고전 6:20).

둘째, 성부 하나님께 대한 예우는 첫 것을 드리고 으뜸을 드림에 있습니다. 소유권 이전의 증거는 드림에 있습니다. 이스라엘은 장자뿐만 아니라 가축의 태에서 처음 난 것까지 구별하여 여호와께 드렸습니다. 처음 것을 드림은 모든 것을 대표하는 것으로 모든 것이 하나님의 것임을 신앙 고백하는 것입니다. 믿음의 삶의 과정은 은혜로만 이루어지지 않습니다. 이는 진정한 사랑의 성숙으로 이루어집니다.

"나를 존중히 여기는 자를 내가 존중히 여기고 나를 멸시하는 자를 내가 경멸하리라"(삼상 2:30)

수컷이 하나님의 것이라 하심은 수컷이 암컷보다 탁월함의 의미를 가지는 것이 아닌 수컷이 수컷 암컷을 대표하는 대표성이 있기 때문입니다(12절). 첫 것이 모든 것을 대표하듯 수컷은 모든 생축이 바로 하나님의 것임을 선언하시는 것입니다. 우리의 모든 소유는 바로 하나님의 것이 됩니다.

나귀의 첫 새끼, 아들 중 처음 난 모든 자를 대속함은 우리 자신과 우리의 소유가 하나님의 소유가 된 이유에 관하여 밝힙니다(13절). 나귀는 정결법상 부정한 짐승으로(레 11:1-8), 심판과 저주 가운데 있는 자에게 이루어진 대속적 죽음으로 말미암아 하나님의 소유가 됨을 깨닫게 합니다. 이스라엘의 모든 장자는 다 대속하여야 했습니다.

"그 사람을 대속할 때에는 난 지 한 달 이후에 네가 정한 대로 성소의 세겔을 따라 은 다섯 세겔로 대속하라 한 세겔은 이십 게라이니라"(민 18:16)

셋째, 무교절 절기를 매해 지킴으로 말미암아 신앙이 전수되었다면 이제 초태생에 대해 규례 또한 전수 되어야 합니다. 우리의 삶과 소유의 모든 첫 것을 구별하여 하나님께 드림으로 이를 후손들에게 알게 하고 가르쳐 하나님을 섬기는 법이 무엇인지를 바르게 양육하여야 하는 것입니다(14-16절).

3. 구름 기둥과 불 기둥에 관한 교훈은 무엇입니까?(17-22절)

앞선 무교절과 초태생 규례를 통해서 성자 하나님과 성부 하나님과의 관계를 살펴보았다면 세 번째 교훈은 성령 하나님께 대한 예우로서 성령의 인도하심을 받는 삶에 관하여 알게 합니다.

첫째, 성령 하나님께 대한 예우는 성령의 인도하심을 받는 것입니다. 이스라엘은 불기둥과 구름기둥으로 인도하심을 받았습니다. 하나님께서는 이스라엘 백성들을 애굽에서 가나안으로 이끄실 때에 블레셋 사람의 땅의 길은 가까울지라도 그 길로 인도하시지 않으셨습니다. 이는 그 백성이 전쟁을 하게 되면 마음을 돌이켜 애굽으로 돌아갈까 함이었습니다(17절). 하나님께서 인도하시는 길은 가장 빠른 길이 아닙니다. 가장 빠른 길은 오히려 가장 늦을 수도 있으며 더 나아가 우리가 가지 못하게 하는 길을 수 있는 것입니다. 믿음의 사람들은 가장 빠른 길의 인도하심을 받는 것이 아닌 성령님의 인도하심을 받는 것입니다.

둘째, 약속에 대한 신뢰입니다. 이스라엘은 출애굽 할 때에 특별히 요셉의 유골을 가지고 나왔습니다(19절). 이는 요셉의 유언에 대한 성취입니다. 요셉은 죽어서 그 유골로 가나안 땅에 들어가게 되었습니다. 하나님의 인도하심을 받는 사람들은 하나님의 약속을 붙들고 가는 것입니다.

셋째, 동행하는 삶입니다. 광야에서 이스라엘을 백성들을 이끄셨던 하나님의 인도하심은 구름 기둥과 불 기둥으로 나타났습니다. 낮에는 구름 기둥, 밤에는 불 기둥이 백성 앞에서 떠나지 아니하였습니다. 이는 우리들 가운데 계신 성령님께서 우리들 가운데 떠나지 않으시고 또한 인도하심을 알게 하시는 것입니다.

묵 상

01   나의 삶에 성자 하나님께 대한 예우에 관하여 나누어 봅시다.

02   나의 삶에 성부 하나님께 대한 예우에 관하여 나누어 봅시다.

03   나의 삶에 성령 하나님께 대한 예우에 관하여 나누어 봅시다.

되새김

은혜 가운데 있는 자는 회개를 잃지 않습니다. 하나님을 바르게 섬기는 신앙인은 드림의 삶을 잃지 않습니다. 성령의 인도하심을 받는 자의 삶은 항상 성령님께 대한 초점을 잃지 않습니다. 신앙의 세 가지 오리엔테이션은 이론적입니다. 이제 이러한 신앙의 오리엔테이션은 광야와 같은 우리의 삶 속에서 더욱 현실화되고 구체화 되는 것입니다.

14

홍해를 건넘
14장1~15장21절

Key Point

13장에서 신앙의 오리엔테이션을 받은 이스라엘은 실제적인 신앙의 훈련으로 홍해 앞에 서게 됩니다. 그 곳은 뒤에는 바로의 추격이 있고 앞에는 홍해로 가로막힌 절망의 장소입니다. 그러나 이 홍해를 건너야만 믿음의 여정은 진정으로 시작되어지는 것입니다. 홍해를 건너기 전까지는 여전히 애굽에 머물 수밖에 없는 것입니다.

본문 이해

13장의 신앙의 오리엔테이션을 마친 이스라엘은 드디어 애굽을 떠나 홍해에 이르게 됩니다. 유월절 어린양의 피는 이스라엘을 하나님의 진노와 심판으로부터 애굽과 구별되게 하셨습니다. 유월절 어린양의 피는 그들로 심판과 저주가 아닌 은혜 가운데 있는 자가 되게 하셨습니다. 이제 홍해는 진정으로 이스라엘의 삶을 애굽의 종된 자의 삶에서 하나님을 바라보고 섬기는 자의 삶으로 가르는 것입니다. 홍해 앞에 서기까지 저들에게는 오직 은혜만이 있었습니다. 그러나 이제 홍해로부터 시작하는 삶은 죄와 심판의 문제가 아닌 우리를 성숙케 하고 온전케 함에 있습니다. 비록 예수 그리스도를 믿음으로 말미암아 자신의 죄의 문제가 해결되었다고 하여도 해결되어야 할 문제가 있습니다. 홍해를 건넌 자와 아직 홍해를 건너지 못한 자는 그리스도 안에 있지만 전혀 다른 삶을 살 수 밖에 없는 것입니다. 성막에 번제단(피)과 물두멍(물)은 같은 뜰에 있지만 그 위치와 의미가 다릅니다. 피로 말미암아 구원을 받은 자는 이제 물을 지나 성소로 나아가기를 힘써야 할 것입니다.

■ 출애굽기 14장1-15장21절의 구조적 이해

　　출 14:1-4: 비하히롯 앞 곧 바알스본 맞은편 바닷가에 장막을
　　　　　　　　치게 하심

　　출 14:5-9: 바로의 추격

1. 이스라엘 자손들은 어디로 이끔을 받았습니까?(14장1-4절)

하나님께서는 이스라엘을 숙곳 에담에서 돌이켜 바다와 믹돌 사이의 비하히롯 앞 곧 바알스본 맞은편 바닷가에 장막을 치게 하셨습니다. 이처럼 하나님께서는 때때로 우리들이 예상하는 길이 아닌 다른 길로 인도하시는데 이는 하나님의 실수가 아닌 하나님의 섭리와 계획 속에 있는 것입니다. 이스라엘의 여정은 정상적인 여정이 아니었습니다. 그들의 여정은 광야에서 방황하는 모습이었으며, 결국 광야에 갇힌 바 된 것으로 보였습니다(3절). 그러나 이는 실수가 아닌 하나님의 모든 계획과 섭리 속에 있음을 밝히십니다. 모세가 이후에 담대할 수 있었던 것은(13-14절) 그의 탁월한 믿음으로 말미암은 것이 아니라 먼저 하나님께서 말씀하심으로 말미암습니다. 먼저 하나님의 말씀을 들을 수 있다면 우리는 어떠한 환난이 와도 이겨낼 수 있는 것입니다. 하나님께서는 이스라엘의 방황하는 모습으로 바로의 마음을 완악하게 하시고 뒤따라오게 하심으로 그와 그의 온 군대로 말미암아 영광을 얻으시기 위함이신 것입니다. 성도는 믿음의 여정의 시작에 있어서 어려움을 당면할 때에 이 모든 어려움 속에도 하나님의 섭리와 인도하심을 깨닫고 믿음으로 인내하며 그의 섭리를 바라볼 수 있어야 할 것입니다.

2. 바로의 추격을 살펴봅시다(5-9절).

이스라엘이 방황하는 듯한 모습은 바로와 그의 신하들의 마음을 완악하게 하여 이스라엘의 뒤를 추격하게 합니다. 자신들을 섬겼던 이스라엘을 순순히 내어보냄을 후회하며 바로는 선발된 병거 600대와 애굽의 모든 병거를 동원하고 지휘관들을 다 거느려 이스라엘 자손의 뒤를 추격하여 이스라엘이 장막을 친 바알스본 맞은편 비하히롯 곁 해변에 미쳤습니다.

3. 이스라엘 자손의 원망을 살펴봅시다(10-12절).

추격하러 온 애굽 군대를 본 이스라엘 자손은 심히 두려워하여 여호와께 부르짖고 모세를 향하여 원망하였습니다. 애굽에 매장지가 없어서 우리들을 이 광야에서 죽게 하느냐며, 애굽 사람을 섬기는 것이 광야에서 죽는 것보다 낫겠다며 도리어 모세를 향하여 원망하였습니다. 성경은 먼저 하나님의 계획과 섭리에 관하여 말씀하셨습니다. 그러나 이를 잘 알지 못하였던 이스라엘 자손은 원망하게 됩니다. 하나님의 말씀과 그 뜻을 알지 못하는 인생은 두려워할 수밖에 없고, 원망할 수밖에 없습니다. 아직 믿음이 성숙하지 못한 사람들은 모든 어려움 속에서 두려워하고 또한 원망하는 것입니다. 그러나 믿음의 성숙은 그 말씀을 앎으로 담대할 수 있고 더 나아가 알지 못하는 환난 속에서도 함께 하시는 하나님에 대한 신뢰로 이 모든 어려움을 극복하며 하나님의 영광을 보는 것입니다. 유월절을 지난 자들은 홍해 앞에 서게 됩니다. 유월절을 지난 자에게는 뒤에서는 추격하는 바로의 군대가 있고 앞에는 건널 수 없는 홍해에 놓여 하나님께 부르짖게 하십니다. 삶의 문제를 놓고 절망할 수밖에 없는 인생에게 하나님께서는 하나님 자신을 보이시며 상황이 아닌 하나님을 바라보는 훈련을 행하시는 것입니다.

4. 이스라엘 자손을 위로하는 모세의 선포를 살펴봅시다(13-14절).

모세는 두려워하며 원망하는 이스라엘 자손을 향하여 다음과 같이 선포하였습니다.

"너희는 두려워하지 말고 가만히 서서 여호와께서 오늘 너희를 위하여 행하시는 구원을 보라 너희가 오늘 본 애굽 사람을 영원히 보지 아니하리라 여호와께서 너희를 위하여 싸우시리니 너희는 가만히 있을지니라"(출 14:13-14)

이스라엘은 이미 애굽에서 하나님의 구원을 경험하였습니다. 유월절 어린양의 피로 애굽의 장자들이 죽임을 당하는 그 밤에 그들은 구원함을 얻었습니다. 이는 하나님의 심판과 진노에 대한 구원이었습니다. 더 나아가 이스라엘은 애굽의 군대로부터의 구원함을 얻게 됩니다. 더 이상 애굽 군대를 두려워하지도 않고, 애굽을 섬김에서의 구원이 되는 것입니다.

5. 모세에게 향한 하나님의 응답의 말씀을 살펴봅시다(15-18절).

하나님께서는 모세에게 다음과 같이 말씀하셨습니다.

"너는 어찌하여 내게 부르짖느냐 이스라엘 자손에게 명령하여 앞으로 나가게 하고 지팡이를 들고 손을 바다 위로 내밀어 그것이 갈라지게 하라 이스라엘 자손이 바다 가운데서 마른 땅으로 행하리라 내가 애굽 사람들의 마음을 완악하게 할 것인즉 그들이 그 뒤를 따라 들어갈 것이라 내가 바로와 그 모든 군대와 그 병거와 마병으로 말미암아 영광을 얻으리니 내가 바로와 그의 병거와 마병으로 말미암아 영광을 얻을 때에야 애굽 사람들이 나를 여호와인 줄 알리라"(15-18절)

하나님은 모든 상황에 관하여 아실뿐만 아니라 이 모든 상황도 하나님 자신이 주관하시는 것입니다. 바로의 추격까지도 하나님의 섭리 속에 있는 것입니다. 하나님께서는 모든 어려움을 아실뿐만 아니라 설명할 수 없고, 해결할 수 없는 상황 속에서도 하나님의 계획하심을 가지시고 계신 것입니다. 그러므로 우리는 모든 상황 속에서 두려워하는 것이 아니라 하나님을 바라보는 훈련을 가져야 합니다.

6. 하나님의 사자와 구름 기둥의 이동을 살펴봅시다(19-20절).

이스라엘 진 앞에 가던 하나님의 사자가 그들의 뒤로 옮겨 가매 구름 기둥도 앞에서 그 뒤로 옮겨 애굽 진과 이스라엘 진 사이에 이르렀습니다. 하나님께서는 우리들을 인도하실 때에 우리 앞에서 나아가시지만 우리들이 어려움을 당면할 때에는 우리의 상황 사이에 존재하십니다. 모든 어려움으로부터 우리들을 막으시고 보호하시는 것입니다.

애굽 진영은 구름과 흑암이 있었고 이스라엘 진영에는 광명함이 있었습니다. 하나님의 기둥의 양면적인 특성으로 하나님께서는 세상 사람들에게는 진노와 심판을 내리시나 그의 사랑하는 자녀들에게는 광명으로 대하시는 것입니다. 하나님의 이러한 역사로 말미암아 애굽의 진은 이스라엘 진쪽으로 가까이 못하였습니다.

7. 이스라엘 자손들이 홍해를 건넘을 살펴봅시다(21-22절).

하나님의 명령하심을 따라 모세가 바다 위로 손을 내밀 때에 여호와께서 큰 동풍이 밤새도록 바닷물을 물러가게 하시며 물이 갈라져 바다가 마른 땅이 되었습니다. 이스라엘 자손이 바다 가운데를 육지로 걸어가고 물은 그들의 좌우에 벽이 되었습니다. 이스라엘은 그들의 가장 절망스러운 상황에 가장 큰 하나님의 능력을 맛보게 되었습니다. 고난은 언제나 축복의 전령입니다. 절망은 은혜의 신호탄입니다.

8. 바다 가운데까지 들어온 바로의 추격을 살펴봅시다(23절).

비하히롯 곁 해변가에서 바로의 추격을 막으셨던 하나님께서는 먼저 이스라엘 자손으로 바다를 갈라 그 곳을 건너가게 하시고 바로의 군대가 바다 가운데 들어오게 하심으로 바로의 추격을 허락하십니다. 하나님의 은혜와 능력 가운데에도 여전히 어려움이 어느 순간까지 계속되어지는 것을 보게 됩니다. 그러나 이는 결국 하나님의 또 다른 일을 위한 과정에 불가한 것입니다. 이스라엘 자손은 하나님의 능력으로 바다를 건너나 애굽의 군대는 하나님의 능력으로 바다에 수장되는 것입니다.

9. 애굽 군대가 홍해에 수장됨을 살펴봅시다(24-29절).

새벽에 여호와께서 불과 구름 기둥 가운데서 애굽 군대를 보시고 애굽 군대를 어지럽게 하시며 그들의 병거 바퀴를 벗겨서 달리기가 어렵게 하시니 애굽 사람들이 이르기를 이스라엘 앞에서 우리가 도망하자 여호와가 그들을 위하여 싸워 애굽 사람들을 치는도다 하였습니다. 여호와께서 모세에게 이르시기를 네 손을 바다 위로 내밀어 물이 애굽 사람들과 그들의 병거들과 마병들 위에 다시 흐르게 하라 하시니 모세가 곧 손을 바다 위로 내밀매 새벽이 되어 바다의 힘이 회복되었습니다. 애굽 사람들이 물을 거슬러 도망하나 여호와께서 애굽 사람들을 바다 가운데 엎으시니 물이 다시 흘러 병거들과 기병들을 엎되 그들의 뒤를 따라 바다에 들어간 바로의 군대를 다 엎으니 하나도 남지 않았습니다.

10. 애굽 사람의 죽음을 본 이스라엘 자손들을 살펴봅시다(30-31절).

그 날에 여호와께서 이같이 이스라엘을 애굽 사람의 손에서 구원하시매 이스라엘이 바닷가에서 애굽 사람들이 죽어 있는 것을 보았습니다. 이스라엘이 여호와께서 애굽 사람들에게 행하신 큰 능력을 보았으므로 백성이 여호와를 경외하며 여호와와 그의 종 모세를 믿었습니다.

결국 비하히롯 앞에서의 절망은 도리어 그들에게 귀한 하나님에 대한 경외와 믿음을 일구었습니다. 우리의 어려움은 우리 자신에게 잠시 절망에 젖게 하나 결국 상황에 대한 두려움이 아닌 하나님에 대한 경외감과 믿음을 가지게 할 것입니다.

11. 모세와 미리암의 노래를 살펴봅시다(15장1-21절).

모세와 이스라엘 자손은 첫째, 바로에 관하여 15장1-7절에서, 하나님께서는 높고 영화로우시며 말과 그 탄자를 바다에 던지심으로 하나님을 노래하며 찬양하였습니다. 하나님을 나의 힘이요 노래이시며 나의 구원이시며 또한 나의 하나님, 내 아비의 하나님을 높이었으며 또한 하나님을 용사로서 바로의 병거와 그 군대를 던지심을 인하여 찬양하였습니다.

모세와 이스라엘 자손은 둘째, 바다에 관하여 15장8-12절에서, 하나님께서 홍해 바다 가운데 행하신 일을 찬양하였습니다. '주의 콧김에 물이 쌓이되 파도가 언덕같이 일어서고 큰 물이 바다 가운데 엉기니이다'(8절) 하나님께서는 원수들에 관하여 주의 바람을 일으키셔서 바다로 그들을 덮게 하셨습니다. 모세와 이스라엘은 찬양하기를 '여호와여 신 중에 주와 같은 자 누구니이까 주와 같이 거룩함에 영광스러우며 찬송할 만한 위엄이 있으며 기이한 일을 행하는 자 누구니이까'(11절)라 하며 그 이름을 높이었습니다.

모세와 이스라엘 자손은 15장13-16절에서 셋째, 열방이 하나님을 향하여 두려워함으로 열방 중에 찬양받으실 하나님을 높이었습니다. 블레셋과 에돔과 모압과 가나안 거민은 열방으로 대표되며 그들은 하나님께서 이스라엘 자손, 곧 그의 사신 백성에게 행하신 일로 말미암아 놀람과 두려움이 그들에게 미치며 주의 팔이 큼을 인하여 돌같이 고요하게 되었습니다.

모세와 이스라엘 자손은 15장17-18절에서 넷째, 자신들에 관하여 주께서 백성을 인도하사 그들을 주의 기업의 산에 심으실 것에 관하여 하나님의 능력과 권능을 찬양하였습니다.

아론의 누이 선지자 미리암이 손에 소고를 잡으매 모든 여인도 그를 따라 나오며 소고를 잡고 춤을 추며 미리암은 이에 '너희는 여호와를 찬송하라 그는 높고 영화로우심이요 말과 그 탄자를 바다에 던지셨음이로다'(15장20-21절)고 화답하였습니다.

묵상

01 유월절을 지난 자가 서게 되는 곳은 어디입니까?

02 홍해를 건넘이 가르치는 교훈은 무엇입니까?

03 나는 홍해를 건넜습니까?

되새김

유월절은 예수 그리스도의 피의 구속을 함을 받는 것입니다. 예수 그리스도의 죽음은 우리들에게 생명을 가져다 주십니다. 그러나 홍해는 세례적인 사건으로 이는 내가 죽음을 뜻하는 것입니다. 내 생각과 내 경험, 내 지혜와 지식과 내 모든 것이 바로 죽을 때에 비로서 내 안에 그리스도께서 사시는 것입니다. 구원은 우리의 생명의 구원일 뿐만 아니라 진정으로 내 안에 그리스도께서 사시는 것입니다.

15

광야 훈련 1
-마라의 쓴 물-
15장22~27절

Key Point

출애굽 광야 훈련 중에 이번 과에서는 수르 광야의 마라의 쓴 물 사건에 관하여 전합니다.
마라의 경험은 인생에 문제가 생기고 어려움이 올 때를 보여줍니다. 마라의 쓴 물은 바로
이러한 경험 속에서 어떻게 성도가 훈련되어지며 하나님께서 이끄시는 바가 무엇인지에
관하여 알게 하여 주십니다.

본문 이해

　출애굽기 15장22-18장27절까지의 말씀은 이스라엘이 애굽에서 떠나 시내산에 이르기 전까지의 광야 여정을 다룹니다. 장소적으로는 수르 광야-신 광야-르비딤의 세 장소를 거치게 되지만 사건적으로는 1. 수르 광야(마라와 엘림)에서 마실 물을 얻지 못함, 2. 신광야에서 양식이 떨어짐, 르비딤에서 세 사건인 3. 마실 물이 떨어진 맛사와 므리바 4. 아말렉과의 전쟁 5. 이드로의 방문, 총 5가지의 사건을 다룹니다. 이는 광야 여정을 통해서 하나님께서 성도를 어떻게 다루시는가를 알게 하십니다.

　이미 출애굽기 13장에서 신앙의 오리엔테이션, 곧 세례 교육을 받은 성도들이 실제적인 세례(홍해) 후에 어떠한 삶의 어려움과 어떠한 삶의 성숙을 이루어 나아가야 하는지에 관하여 알게 하시는 것입니다. 출애굽기 1-12장의 말씀이 '은혜의 말씀'이라면 13장 이후의 말씀에는 '훈련'이 있게 됩니다.

■ 출애굽기 15장22-18장장27절절의 구조적 이해
　　출 15:22-27: 수르광야- 마라의 쓴 물과 엘림
　　출 16:1-36: 신광야- 만나와 메추라기
　　출 17:1-7: 르비딤 1- 맛사 므리바

출 17:8-16: 르비딤 2- 아말렉과의 전쟁

출 18:1-27: 르비딤 3- 이드로의 방문

홍해 도하 후 시내산에 이르기 전에 있었던 5가지 광야 훈련과 더불어 알아야 할 바는 이스라엘이 시내산 이전과 같이 시내산 이후에도 동일한 5가지 훈련을 겪게 됩니다[13].

시내 산 이전	시내 산 이후
수르 광야 마라의 쓴 물 (출 15:22-27)	다베라 사건 (민 11:1-3)
신 광야 만나와 메추라기 (출 16:1-36)	기브롯 핫다아와-메추라기 (민 11:4-35)
르비딤의 맛사와 므리바 (출 17:1-7)	가데스의 므리바 (민 20:1-13)
르비딤에서 아말렉과의 전쟁 (출 17:8-16)	아말렉과의 싸움 (민 14:39-45)
이드로의 방문 (출 18:1-27)	70인 장로 임명 (민 11:24-25)

이는 인생의 5가지 시험과 훈련이 무엇인지를 알게 합니다. 더불어 시내 산 이전과 이후의 시험의 성격이 다른데 시내 산 이전의 시험과 훈련에는 비록 원망과 같은 연약함의 모습이 있음에도 불구하고 하나님

---

13) 박철현, 『출애굽기 산책』(서울: 목양, 2011), 145쪽.

의 사랑이 증거 되어 지지만 시내 산 이후의 원망과 불평에는 보다 명확하고 분명한 하나님의 징계가 뒤따르게 됩니다. 이는 시내 산 이후의 성도들의 삶 속에 하나님의 성숙에 대한 기대와 이끄심이 있음을 알게 하시는 것입니다. 출애굽기 성경공부에서는 이러한 전체적인 조명 아래에 먼저 시내 산 이전의 5가지 광야 훈련에 관하여 집중 합니다. 시내 산 이후의 광야 시험에 관하여서는 민수기 성경공부를 참고하시기 바랍니다.

1. 출애굽한 이스라엘 백성이 수르광야에 들어가 첫 번째로 이른 마라에서 백성들의 원망함에 관하여 살펴봅시다(22-24절).

1) 그들은 무엇으로 인해 고생하였습니까?(22절)

모세가 홍해에서 이스라엘 인도하여 수르 광야로 들어가 사흘 길을 행하였으나 물을 얻지 못함으로 인해 고생하였습니다.

2) 마라의 물은 어떠한 물이었습니까?(23절)

사흘 길 동안 물을 얻지 못한 이스라엘 자손이 마라에서 얻은 물은 먹지 못할 쓴 물이었습니다.

3) 마라에서 백성들의 원망을 살펴봅시다(24절).

불과 사흘 전에 하나님의 능력을 맛보고 찬양하였던 이스라엘 자손들은 그들의 찬양이 입에서 채 마르기도 전에 다시 원망을 시작하였습니다. 하나님께 향한 찬양과 감사는 과거에 묻고 현재에 있는 잠시의 어려움을 통하여 그들은 낙심하고 불평하였던 것입니다. 그들은 많은 물을 통해서 하나님을 찬양하였더니 이제 정작 자신들의 목을 축일 적은 물이 없어 원망하였던 것입니다. 생명을 위협하는 많은 물에서 건짐을 받은 그들은 그들의 입에 만족을 주지 못하는 적은 물로 말미암아 불평하였습니다.

4) 하나님께서는 모세에게 지시하신 것은 무엇입니까?(25절)

모세가 하나님께 부르짖었더니 하나님께서 그에게 한 나무를 가리키셔서 물에 던지게 하시매 물이 곧 달아졌습니다.

5) 하나님께서는 어떠한 하나님으로 이스라엘 자손에게 계시하셨습니까?(25-26절)

하나님께서는 구원의 하나님이실 뿐만 아니라 이제 치료의 하나님으로 이스라엘 가운데 가르치셨습니다. 하나님께서는 마라에서 법도와 율례를 정하시고 그들을 시험하실 새 "너희가 너희 하나님 나 여호와의 말을 들어 순종하고 내가 보기에 의를 행하며 내 계명에 귀를 기울이며 내 모든 규례를 지키면 내가 애굽 사람에게 내린 모든 질병 중 하나도 너희에게 내리지 아니하리니 나는 너희를 치료하는 여호와임이라"(26절)고 말씀하셨습니다.

2. 이스라엘은 엘림에서 무엇을 얻었습니까?(27절)

마라에서 불과 남쪽으로 11km 떨어진 곳에 엘림이 있었습니다. 이스라엘은 사흘 길을 행하고 단지 3시간 밖에 있는 하나님의 축복의 장소에 이르기 전에 원망을 하고 만 것입니다. 하나님께서는 우리들의 축복의 장소에 이르기 전에 언덕을 두심은 우리의 마음을 시험하사 우리들로 주를 경외함이 있는지를 살피시는 것입니다. 우리는 과거에 우리들 가운데 행하신 하나님의 큰 구원의 일을 현재화하여야 할 것이며 어떠한 상황에서도 하나님께서 우리를 인도하신다는 것을 잊지 말고 고난 속에서 우리의 감사가 더욱 빛을 발할 수 있도록 하여야 할 것입니다.

3. 첫 번째 광야인 수르 광야(마라)에서의 교훈은 무엇입니까?

첫 번째 광야인 수르 광야에서 이스라엘은 삶의 문제를 경험합니다. 문제가 생기는 것은 광야의 첫 번째 과정입니다. 문제가 어긋나는 것은 단순히 삶의 환경의 문제가 아닌 신앙의 문제입니다. 하나님께서는 삶의 환경을 통해서 우리의 신앙을 바로 잡고자 하시는 것입니다. 삶의 문제를 만날 때에, 어려움을 만날 때에 붙잡아야 할 것은 십자가입니다. 십자가 중심, 교회 중심, 말씀 중심의 삶으로 만드시기 위하여 하나님께서는 우리들의 삶의 어려움을 허락하시는 것입니다. 이스라엘은 그들이 첫 번째 광야에서 불평하고 원망하였습니다. 하나님께서는 이미 엘림을 준비하셨고 미리 이스라엘에게 알게 하실 수도 있으셨습니다. 그러나 그렇게 하시지 않으심은 우리의 삶의 문제가 해결되어지는 것이 목적이 아니기 때문입니다. 하나님께서는 엘림을 미리 준비하사 우리의 삶의 어려운 환경에도 불구하고 하나님의 선하심이 있음을 알게 하십니다. 그러나 이스라엘은 마치 한 나무를 물에 던져 달게 하였듯이 우리의 삶의 문제를 만날 때에 십자가를 붙잡고 회개할 때에 삶의 어려움이 도리어 달아지는 경험을 하게 될 것입니다. 준비된 나무처럼 우리들에게는 십자가가 준비되어져 있으며 하나님께서 주신 말씀이 있습니다. 삶의 어려움은 회개하고 말씀으로 돌아갈 수 있는 기회입니다.

묵상

01 출애굽기 첫 번째 광야 훈련은 무엇입니까? 그 교훈은 무엇입니까? 이 광야에서 훈련해야 할 바는 무엇입니까?

02 마라의 원망에 관하여 나누어 봅시다.

03 엘림의 교훈에 관하여 나누어 봅시다.

되새김

우리는 우리의 문제를 환경 속에서 그 해답을 찾을 것이 아닙니다. 삶의 어려움을 허락하신 하나님을 바라보아야 합니다. 신앙의 훈련은 어려움이 올 때에 하나님을 바라보는 훈련입니다. 삶의 어려움은 우리의 삶의 중심을 바로 잡기 위한 하나님의 한 방편입니다.

16

광야 훈련 2
-만나와 메추라기-
16장1~36절

Key Point

야곱은 밧단 아람에서, 모세는 미디안 광야에서 훈련하였다면 이스라엘의 광야는 하나의 광야가 아닌 수르 광야, 신 광야, 르비딤 등 입니다. 이는 각각의 광야를 통한 하나님의 연단의 과정이 다름을 알게 합니다. 이스라엘은 두 번째 광야인 신 광야에 이르러 양식이 떨어짐을 경험합니다.

본문 이해

1. 이스라엘이 신 광야에 이른 것은 언제입니까?(1절)

이스라엘 자손의 온 회중이 엘림에서 떠나 엘림과 시내 산 사이 신 광야에 애굽에서 나온 후 제 2월15일에 이르렀습니다. 즉 이스라엘 백성이 출애굽한 것은 유월절(1월14일)을 지낸 밤이 되는 1월15일이므로 신 광야에 이른 것은 출애굽 한 후 약 한 달만입니다.

2. 신 광야에서 이스라엘의 원망함은 무엇이었습니까?(2-3절)

그들은 광야에서 모세와 아론을 원망하여 "우리가 애굽 땅에서 고기 가마 곁에 앉아 있던 때와 떡을 배불리 먹던 때에 여호와의 손에 죽었더라면 좋았을 것을 너희가 이 광야로 우리를 인도해 내어 이 온 회중이 주려 죽게 하는도다"(3절)라고 하였습니다.

3. 새로운 양식에 관하여 살펴봅시다.

1) 새로운 양식은 언제, 어디로부터 말미암습니까?(4절)

새로운 양식은 날마다 주어졌습니다. 새로운 양식은 한 번에 취하여지는 것이 아니라 날마다 거두어야 하는 것입니다. 이것은 우리들의 영혼의 양식으로서 말씀을 결코 한 번에 취할 수 없음을 가르칩니다. 우리는 날마다 하나님의 말씀을 먹어야 합니다. 또한 새로운 양식은 땅에서 나는 것이 아니라 하늘로부터 말미암은 양식입니다. 이것은 사람의 생명을 유지하는 것을 목적으로 하는 것이 아니라 이로 말미암아 이스라엘이 하나님의 율법을 준행하나 아니하나 시험하시기 위함입니다(4절). 믿음의 사람들은 모든 일에 있어서 땅을 의지하고 살아가는 것이 아니라 하늘을 바라보며 살아야 하는 것입니다.

2) 하나님께서는 이스라엘 가운데 저녁과 아침에 각각 무엇을 주셨습니까?(6-8절, 13-14절, 31절)

하나님께서는 이스라엘의 원망함을 통해서 저녁에는 고기를 주어 먹이시고 아침에는 떡으로 배불리셨습니다. 곧 저녁에는 메추라기가 와서 진에 덮이고 아침에는 이슬이 진 사면에 있더니 그 이슬이 마른 후에 광야 지면에 작고 둥글며 서리같이 세미한 것이 있었습니다. 이스라엘 족속이 그 이름을 만나라 하였으며 깟씨 같고도 희고 맛은 꿀 섞은 과자 같았습니다. 사람의 원망은 마치 하나님의 은혜가 원망으로 말미암아 주어진 것으로 전략시킵니다. 감사는 하나님을 더욱 영화롭게 하지만 원망함은 결국 하나님의 은혜까지도 빛을 바래게 하는 것입니다.

3) 한 사람에게 주어진 양식의 양은 얼마입니까?(16절, 36절)

한 사람에게 정해진 양식의 양은 에바 십분의 일에 해당하는 한 오멜(2.2리터)이었습니다.

4) 양식을 거둠에 대한 규례를 살펴봅시다(5절, 19-24절).

양식은 한 사람에게 정해진 한 오멜씩 거두웠으며 아무든지 아침까지 그것을 남겨두지 않게 하였습니다. 새 양식은 아침마다 거두었고 해가 뜨겁게 쪼이며 스러졌습니다. 제 육 일에는 안식일을 위하여 각 사람이 갑절의 식물 곧 두 오멜씩 거두었습니다.

5) 백성들의 불순종의 모습을 살펴봅시다(20절, 27절).

아침까지 남겨 두어서는 안될 양식을 더러는 모세의 말을 청종치 아니하고 아침까지 두었더니 벌레가 생기고 냄새가 났습니다. 또한 제 칠 일에 백성 중 어떤 사람들이 거두러 나갔다가 얻지 못하였습니다.

6) 백성들은 새로운 양식을 어떻게 보존하였습니까?(32-34절)

하나님께서 모세에게 명하시어 만나를 한 오멜에 채워서 대대 후손을 위하여 간수하게 하셨습니다. 모세는 아론에게 항아리에 만나 한 오멜을 담아 여호와 앞에 두어 대대로 간수하게 하였습니다. 곧 아론은 하나님께서 모세에게 명하신 대로 그것을 증거 판 앞에 두어 간수하게 하였습니다.

7) 이스라엘 자손은 얼마 동안 만나를 먹었습니까?(35절)

이스라엘 자손이 사람 사는 땅에 이르기까지 사십 년 동안 만나를 먹되 곧 가나안 땅 접경에 이르기까지 그들이 만나를 먹었습니다. 대략적으로 이스라엘 백성들이 만나를 먹은 것은 출애굽 1년 2월16일로부터 출애굽 41년 1월15일까지 39년 11개월입니다(수 5:12).

4. 두 번째 광야인 신광야에서의 교훈은 무엇입니까?

첫 번째 광야인 수르 광야 마라에서 첫 번째 훈련을 거친 이스라엘은 신 광야에서 두 번째 광야 훈련을 하게 됩니다. 두 번째 광야 훈련에서 그들은 양식이 떨어짐을 경험하게 됩니다. 우리의 인생에 있어서 우리는 삶의 공급이 끊기는 경험을 하게 됩니다. 어떠한 사람들은 자신의 삶의 공급이 끊김을 통해서 하나님을 원망하기도 하나 이는 광야 훈련의 하나로 우리의 공급이 환경이나 사람이 아닌 하나님 자신임을 알게 하시는 것입니다. 이는 더욱 더 우리 자신으로 하여금 하나님을 바라보게 하시는 것입니다. 우리는 두 번째 광야인 신 광야를 만날 때에 하나님을 바라보는 훈련을 하여야 할 것입니다. 사람의 의지하고 환경을 의지할 것이 아닙니다. 사람은 변하고 환경은 변하여도 하나님은 변하지 않으시며 우리의 참된 공급을 허락하여 주실 것입니다.

"그러므로 염려하여 이르기를 무엇을 먹을까 무엇을 마실까 무엇을 입을까 하지 말라 이는 다 이방인들이 구하는 것이라 너희 하늘 아버지께서 이 모든 것이 너희에게 있어야 할 줄을 아시느니라 그런즉 너희는 먼저 그의 나라와 그의 의를 구하라 그리하면 이 모든 것을 너희에게 더하시리라"(마 6:31-33)

묵상

01 새로운 양식 만나와 영혼의 양식인 하나님의 말씀을 비교하여 봅시다.

02 이스라엘 백성들의 불순종의 모습을 우리들의 삶 속에서 찾아봅시다.

03 신 광야의 두 번째 광야 훈련에 관하여 나누어 봅시다.

되새김

하나님께서는 광야 생활에서 이스라엘로 주리게 하셨습니다. 그것은 그들이 이 땅의 양식으로 살아가는 것이 아니라 하나님의 말씀으로 살아가는 것을 가르치시기 위함이었습니다. 믿음의 삶은 결코 이 땅의 풍족함 가운데 자족하는 삶이 아닙니다. 날마다 하나님의 양식을 구하며 하늘의 양식으로 말미암아 살아가는 삶을 살아야 하는 것입니다. 우리는 혹 이 땅의 풍요로움으로 광야보다도 더 메마른 삶을 살고 있는지 자신을 살펴야 할 것입니다.

17

광야 훈련 3-4
-맛사 므리바, 아말렉과의 전쟁-
17장1~16절

Key Point

이번 과에서는 르비딤에서의 두 사건에 관하여 전하여 줍니다. 첫째는 내부적인 문제로 물이 없음을 통한 이스라엘 자손의 원망함에 관한 것이며 둘째는 외부적인 문제로 아말렉과의 싸움입니다. 이는 광야 훈련의 3번째와 4번째가 됩니다.

본문 이해

출애굽기 13장의 1차 오리엔테이션에서 광야 훈련은 세 가지 관계였습니다. 성자 하나님, 성부 하나님, 성령 하나님과의 관계입니다. 곧 마라의 쓴 물을 통한 교훈은 성자 하나님과의 관계이며, 만나와 메추라기의 교훈은 성부 하나님과의 관계이며 이제 세 번째 맛사, 므리바 사건은 성령 하나님과의 관계에 관하여 가르칩니다.

1. 이스라엘 자손이 새롭게 장막을 친 곳은 어디입니까?(1절)

이스라엘 자손의 온 회중이 여호와의 명령대로 신 광야에서 떠나 그 노정대로 행하여 르비딤에 장막을 쳤습니다.

2. 이스라엘 자손의 새로운 문제와 원망은 무엇이었습니까?(1-3절)

르비딤에 이르렀을 때에 백성들은 마실 물이 없었으며 이로 말미암아 백성이 모세와 다투어 우리에게 물을 주어 마시게 하라 하였습니다. 그들은 모세에게 원망하여 '당신이 어찌하여 우리를 애굽에서 인도해 내어서 우리와 우리 자녀와 우리 가축이 목말라 죽게 하느냐'(3절)고 하였습니다.

어떠한 부족함은 원망함의 필수적인 이유가 되는 것이 아닙니다. 어려움은 오히려 우리들의 신앙의 아름다움을 드러내고 하나님의 이름을 영화롭게 할 수 있는 기회인 것입니다. 그러나 이스라엘은 이러한 기회가 있을 때마다 반복적으로 원망함으로 그들의 어리석음을 드러내었습니다. 또한 우리들은 이러한 이스라엘 자손들의 어리석은 말과 행실에도 불구하고 그들을 인도하시는 하나님으로부터 이루시는 분은 우리가 아닌 하나님이신 것을 고백하게 합니다. 역사는 사람으로 말미암은 것이 아니라 오직 하나님 자신으로 말미암은 것입니다.

3. 하나님께서는 모세에게 어떻게 지시하셨습니까?(4-6절)

이스라엘 자손들은 원망하였고 모세와 다투었으며 조금 있으면 모세에게 돌을 던질 기세였습니다. 이에 대하여 간구하는 모세에게 하나님께서는 "백성 앞을 지나서 이스라엘 장로들을 데리고 나일 강을 치던 네 지팡이를 손에 잡고 가라 내가 호렙 산에 있는 그 반석 위 거기서 네 앞에 서리니 너는 그 반석을 치라 그것에서 물이 나오리니 백성이 마시리라"(5-6절)고 하셨습니다. 모세가 이스라엘 장로들의 목전에서 그대로 행하였습니다.

4. 모세는 그 곳 이름을 어떻게 불렀습니까?(7절)

모세는 그 곳 이름을 맛사 또는 므리바라 불렀습니다. 맛사는 '시험하다'는 말의 어근을 가지며 므리바는 '다투다'라는 말의 어근을 가집니다. 곧 이는 이스라엘 자손이 다투었으며 또한 그들이 여호와를 시험하여 이르기를 여호와께서 우리 중에 계신가 아닌가 하였기 때문입니다.

5. 르비딤에서의 첫 번째 경험이 되어지는 맛사와 므리바 사건의 교훈은 무엇입니까?

　이는 세 번째 광야 훈련이 됩니다. 인생은 삶의 문제가 해결되어지고, 삶의 부유함이 이루어질 때에 인생에게는 목마름이 찾아오게 됩니다. 이전에 가지기 원하는 것을 갖게 됨에도 불구하고 우리의 영혼에는 갈급함이 있게 되는 것입니다. 이는 인생의 즐거움이 이 세상에 있지 아니함을 알게 하십니다. 세상은 삶의 메마름과 갈급함을 여전히 세상의 것으로 채우려하나 결코 그 영혼의 만족함을 얻을 수 없습니다. 하나님께서는 세 번째 광야 훈련으로 우리의 즐거움을 점검케 하십니다. 참된 반석이 되신 주님께 나아오게 하시는 것입니다. 주님께 나아오는 자는 성령으로 말미암아 그 영혼의 만족을 얻게 될 것입니다.

　"명절 끝날 곧 큰 날에 예수께서 서서 외쳐 이르시되 누구든지 목마르거든 내게로 와서 마시라 나를 믿는 자는 성경에 이름과 같이 그 배에서 생수의 강이 흘러나오리라 하시니 이는 그를 믿는 자들이 받을 성령을 가리켜 말씀하신 것이라"(요 7장37-39절)

6. 르비딤에서 이스라엘 자손의 새로운 사건은 무엇이었습니까?(8절)
　아말렉이 이르러 이스라엘은 르비딤에서 싸우게 되었습니다.

7. 아말렉과의 싸움에서 모세와 여호수아 아론과 훌, 각각의 역할은 무엇이었습니까?(9-12절)

아말렉과의 싸움에서 모세는 여호수아에게 사람들을 택하여 나가서 아말렉과 싸우게 하였으며 모세는 하나님의 지팡이를 손에 잡고 산꼭대기에 섰습니다. 모세가 손을 들면 이스라엘이 이기고 손을 내리면 아말렉이 이기더니 피곤한 모세의 팔을 아론과 훌이 하나는 이편에서 하나는 저편에서 붙들어 올려 그 손이 해가 지도록 내려오지 않게 하였습니다.

8. 전쟁의 결과와 하나님의 말씀은 무엇이었습니까?(13-14절)

여호수아가 칼날로 아말렉과 그 백성을 쳐서 파하였고 하나님께서는 모세에게 이르시기를 "이것을 책에 기록하여 기념하게 하고 여호수아의 귀에 외워 들리라 내가 아말렉을 없이하여 천하에서 기억도 못 하게 하리라" 하셨습니다.

9. 모세가 단을 쌓고 그 이름을 무엇이라 하였습니까?(15-16절)

모세는 제단을 쌓고 그 이름을 여호와 닛시라 하였습니다. 그리고 말하기를 '여호와께서 맹세하시기를 여호와가 아말렉으로 더불어 대대로 싸우리라 하셨다'(16절) 하였습니다.

10. 르비딤에서 있었던 두 번째 사건인 아말렉과의 싸움이 주는 교훈은 무엇입니까?

르비딤 광야에서 두 번째 사건인 아말렉과의 싸움은 네 번째 광야 훈련입니다. 순서적으로 하나님께서는 수르 광야 마라에서 십자가 중심의 삶을 알게 하셨습니다. 이는 회개의 촉구이며 하나님의 계명을 지키는 삶으로 인도하시는 것입니다. 두 번째 광야인 신 광야에서 양식이 떨어질 때에 하나님을 바라보는 훈련을 하게 하셨습니다. 이는 우리의 삶의 공급이 환경이나 사람이 아닌 하나님께로 말미암음을 알게 하시는 것입니다. 더 나아가 사람이 떡으로만 살 것이 아니라 하나님의 입으로 나오는 모든 말씀으로 살 것입니다. 세 번째 광야인 르비딤 광야에서 이스라엘은 마실 물이 없었습니다. 맛사와 므리바는 세 번째 광야 훈련입니다. 이는 우리의 삶의 즐거움이 세상에 있지 않음을 알게 하시는 것입니다. 세상의 부함과 풍족함에도 여전히 메마름은 있습니다. 사람은 영적인 존재이므로 그 영적인 갈급함은 오직 성령으로 채워질 수 있는 것입니다. 이제 네 번째 광야 훈련은 세 번째 광야(르비딤)에서 여전히 있게 됩니다. 이는 아말렉과의 싸움으로 우리들에게 영적인 싸움에 관하여 알게 합니다. 이전의 삶의 문제는 다만 내 삶의 어려움과 부족과 메마름 등이었으나 이제 이러한 수동적인 어려움이 아니라 능동적이고 적극적이며 외적인 어려움이 오게 됩니다. 사람이 나를 향하여 대적자가 되어 삶에 영적인 어려움이 됩니다. 이는 오직 기도의 힘으로 말미암아 이기게 되며 이 싸움은 홀로 감당할 수 있는 싸움이 아니라 기도의 동역자들과 함께 할 수 있는 싸움인 것입니다.

특별히 이 싸움에서 함께 하였던 자들에게 임한 축복을 기억하여야 합니다. 직접적인 싸움에 나갔던 '여호수아'는 모세의 뒤를 이은 후계자가 되었으며, 모세의 두 손을 들었던 '아론'은 첫 번째 대제사장이 되어 그의 가문은 대제사장의 가문이 되었고 '훌'의 가문에는 그의 손자인, 우리의 아들 브살렐은 성막 제작자가 되는 영광을 가졌습니다(출 36:2, 대하 1:5).

묵 상

01 세 번째 광야 훈련에 관하여 나누어 봅시다. 나의 삶이 부유함과 메마름은 무엇입니까?

02 네 번째 광야 훈련에 관하여 나누어 봅시다. 나의 삶의 영적인 싸움과 기도의 동역자는 누구입니까?

03 광야 훈련 1-4 중에서 나의 삶은 어디쯤에 있습니까?

되새김

마라와 엘림에서 물에 관한 교훈을 받은 이스라엘은 르비딤에서 다시 한 번 원망하였습니다. 그것은 그들 가운데 물이 메마른 것이 아니라 참으로 그들에게 온전한 신앙이 메말랐던 것입니다. 거짓된 세상으로 말미암은 만족은 언젠가는 메마르게 됩니다. "내가 주는 물을 마시는 자는 영원히 목마르지 아니하리니 내가 주는 물은 그 속에서 영생하도록 솟아나는 샘물이 되리라"(요 4:14)

광야 훈련 5
-이드로의 방문-
18장1~27절

Key Point

모세의 장인의 방문은 두 가지 이야기를 전합니다. 첫째는 모세의 장인의 방문과 모세의 대면함에 관한 이야기로서 이는 모세의 장인이 하나님의 일을 듣고 기뻐하며 찬양하고 깨닫고 번제를 드림으로 그의 생각이 하나님께 합함을 간접적으로 보입니다. 둘째는 이드로의 충고로 우리는 하나님의 일을 어떻게 해야 하는가에 관한 효과적인 방법을 배우게 됩니다. 이는 다섯 번째 광야 훈련입니다.

본문 이해

1. 모세의 장인 미디안 제사장 이드로의 방문을 살펴봅시다.

1) 이드로는 누구와 함께 모세에게 왔습니까?(1-5절)

　모세의 장인 이드로는 모세가 돌려보냈던 그의 아내 십보라와 그 두 아들, 게르솜과 엘리에셀을 데리고 모세에게 이르렀습니다.

　특별히 살펴볼 것은 모세의 두 아들의 이름입니다. 게르솜은 '나그네(게르)'의 뜻으로 '내가 이방에서 나그네가 되었다'는 의미로 지었으며 엘리에셀은 '나의 하나님은 도움이시다'는 뜻으로 '내 아버지의 하나님이 나를 도우사 바로의 칼에서 구원하셨다'는 고백이 담긴 이름입니다. 모세의 두 아들의 이름은 모세의 삶의 신앙적인 변화를 보여줍니다. 모세는 첫 번째 아들을 낳았을 때에는 자신의 삶의 형편과 처지를 바라보며 이름을 지었지만 두 번째 아들을 낳았을 때에는 그러한 환경 가운데 놓였음에도 불구하고 믿음의 눈으로 바라보게 된 것입니다. 우울했던 과거가 오히려 감사로 바뀌었습니다. 불평과 한탄의 과거가 은혜로 바뀐 것입니다.

2) 이드로는 무엇을 들었습니까?(6-8절)

　모세는 하나님께서 이스라엘을 위하여 바로와 애굽 사람에게 행하신 모든 일과 길에서 그들의 당한 모든 고난과 여호와께서 그들을 구원하신 일을 다 그 장인에게 말하였습니다.

3) 이드로는 어떻게 응답하였습니까?(9-12절)

이드로는 모세를 통해서 하나님께서 이스라엘 백성들에게 행하신 일을 듣고 기뻐하였으며 여호와의 이름을 찬송하였으며 "여호와는 모든 신보다 크시므로 이스라엘에게 교만하게 행하는 그들을 이기셨도다"(11절)고 깨달았으며 하나님께 번제물과 희생 제물들을 가져와 드리고 아론과 이스라엘 모든 장로와 함께 하나님 앞에서 떡을 먹었습니다.

2. 모세의 장인 이드로의 조언을 살펴봅시다.

1) 이튿날 모세의 장인 이드로는 무엇을 보았습니까?(13-14절)

이튿날 이드로는 모세가 백성을 재판하느라고 앉아 있고 백성은 아침부터 저녁까지 모세의 곁에 섰으며 모세가 백성에게 행하는 모든 것을 보았습니다.

2) 이드로는 모세의 행하는 것을 어떻게 판단하였습니까?(14-18절)

이드로는 모세의 하는 것이 옳지 못하다 하였습니다. 그는 말하기를 '너와 또 너와 함께 한 이 백성이 필경 기력이 쇠하리니 이 일이 네게 너무 중함이라 네가 혼자 할 수 없으리라'(18절)고 하였습니다.

3) 이드로의 조언의 요지는 무엇입니까?(19-26절)

모세는 일을 혼자 할 것이 아니라 합당한 사람들을 뽑아서 천부장, 백부장, 오십부장, 십부장들을 세워 그들에게 더불어 위탁하여 함께 할 수 있도록 하라 하였습니다. 곧 그들이 때를 따라 백성들을 재판하되 큰 일이면 모세가 맡고 작은 일이면 그들이 스스로 재판케 하였습니다.

4) 선출되어질 사람들의 요건은 무엇입니까?(21절)

이드로는 온 백성 가운데서 능력 있는 사람들 곧 하나님을 두려워하며 진실하며 불의한 이익을 미워하는 자를 살펴서 백성 위에 세워 천부장과 백부장과 오십부장과 십부장을 삼으라 하였습니다.

3. 다섯 번째 광야 훈련은 무엇입니까?

장소적으로 하나님의 산 시내 산 가까이에 진 쳤던 르비딤에서 있었던 사건으로(출 18:5, 17:1, 19:1) 모세의 장인 이드로의 방문은 5번째 광야 훈련이 됩니다. 이는 리더쉽의 한계에서 동역자를 세우고 리더를 세우는 일입니다. 자칫 교회는 은혜 공동체로서 비효율적인 공동체가 될 수 있습니다. 이제 직분자를 세우고, 조직을 경영하는 일은 하나님의 일을 효과적으로 행하는데 유익합니다. 사람은 한계가 있어, 모든 일을 한 사람이 혹은 소수의 사람만이 감당할 수 있는 것이 아닙니다. 이러한 일이 반복되어지고 장기화되어지면 결국 공동체의 문제가 됩니다. 초대교회에서도 이를 위하여 집사를 세웠습니다(행 6장).

묵 상

01   하나님께서 하신 일에 대한 간접적인 경험 속에서 믿음의 사람들은 어떻게
       반응하여야 하겠습니까?

02   하나님의 일을 위한 합당한 자의 자격에 관하여 나누어 봅시다.

03   마지막 광야 훈련이 되는 5번째 광야 훈련이 내게 주시는 교훈은 무엇입니
       까?

되새김

모세의 장인은 모세에게 하나님의 일을 함에 있어서 조직의 필요성을 깨닫게 하
였습니다. 우리는 이러한 조직을 세속적인 방법으로 멸시하는 어리석음을 가져
서는 안될 것입니다. 일정한 수가 넘어가면 결국 조직적인 안목과 지도력을 가져
야만 합니다. 그러나 이러한 조직을 바로 세우고 경영하기 위해서는 이에 합당한
사람들이 세워져야 한다는 사실을 명심하여야 할 것입니다.

출애굽기

제3부

말씀훈련
(19-26장)

PART

19

시내산 언약의 준비
19장1~25절

Key Point

창세기 15장의 아브라함 언약은 하나님의 언약이며 하나님의 희생에 근거한 은혜의 언약이었습니다. 그러나 이제 우리는 새로운 또 다른 언약을 발견하게 됩니다. 그것은 바로 하나님께서 이스라엘과 시내 산에게 맺으신 시내 산 언약입니다. 아브라함과 맺으신 아브라함 언약과 이 시내 산 언약의 차이를 구분할 수 있어야 합니다. 아브라함의 언약은 하나님의 은혜로 말미암은 일방적인 언약이나 시내 산 언약은 하나님과 언약의 백성들과의 쌍방적인 언약입니다.

본문 이해

'출애굽기'라는 출애굽기의 명칭은 출애굽기를 잘 표현한 말이면서도 불완전합니다. 왜냐하면 출애굽기는 '출애굽' 그 이상을 말씀하시기 때문입니다. 강력한 '출애굽' 사건은 출애굽기의 메시지를 출애굽으로 제한할 수 있음을 주의하여야 합니다. 출애굽기는 출애굽으로 시작하여 광야뿐만 아니라 이제 함께 나눌 '시내 산 언약' 곧 '말씀'에 대한 가르침과 더 나아가 '성막 건축'으로 이어지는 '예배'에 대한 가르침까지 포함하는 것입니다.

출애굽기의 전반부로서 1-18장의 말씀은 이야기와 더불어 증거 되기에 쉽고 상대적으로 이해하기가 쉽습니다. 그러나 이제 19-40장의 말씀은 약간의 이야기가 삽입되어 있기는 하나(출 32장 금송아지 우상 숭배 사건 등), 이야기 중심이 아니기에 이해하는 것이 쉽지 않습니다. 십계명에 대한 말씀은 그래도 상대적으로 익숙하나 이후에 나오는 여러 율법적인 말씀들은 레위기의 의식법에 대한 말씀처럼 지루하고 어렵게 느껴지며, 성막에 대한 말씀은 더욱 그 의미를 찾기에 쉽지 않습니다. 그러나 참다운 복음의 정수는 지금부터임을 잊지 말아야 할 것입니다. 높은 산에 오른 자만이 많은 것을 볼 수 있듯이, 성경의 깊이에 이른 자만이 더 많은 것을 보고 깨달을 수 있게 될 것입니다.

출애굽기 제1부로 1-12장까지는 장소적으로 애굽에서 하나님의 은혜와 구원에 대하여 교훈을 하셨다면 출애굽기의 제2부로 13-18장까지는 광야에서 홍해 도하와 더불어 광야 훈련에 관하여 가르쳤습니다. 이제 19-24장은 출애굽기 제3부에 해당하는 곳으로 이스라엘이 시내산에서 하나님과 언약을 맺는 말씀으로 십계명을 중심으로 하여서 하나님의 말씀, 곧 하나님의 스피릿이 무엇인가를 알게 하여 주십니다. 우리는 계명을 알고 준수할 뿐만 아니라 그 정신과 메시지까지 이해하여야 할 것입니다.

■ 출애굽기 19장1-24장18절의 구조적 이해

출 19:1-25: 시내산 언약을 준비함

출 20:1-17: 십계명

출 20:18-21: 백성이 하나님의 강림을 두려워함

출 20:22-26: 제단에 관한 법

출 21:1-11: 종에 관한 법

출 21:12-17: 살인에 관한 법 – 6계명과 관련

출 21:18-36: 상해 보상법

출 22:1-15: 손해 배상법– 8계명과 관련

출 22:16-31: 간음에 관한 율례 –7계명과 관련

출 23:1-3: 거짓 증거에 관한 율례 –9계명과 관련

출 23:4-9: 탐욕에 관한 율례– 10계명과 관련

출 23:10-12: 안식일에 관련된 율례– 4계명과 관련

출 23:13-19: 하나님의 이름을 망령되이 일컬음에 관련된 율례
                        - 3계명과 관련
출 23:20-33: 우상숭배와 관련된 율례- 2계명과 관련
출 24:1-11: 시내산 언약을 체결함

1. 이스라엘은 얼마 만에 시내 산에 이르렀습니까?(1-2절)

이스라엘은 자손은 애굽에서 나올 때부터 제 삼월에 곧 약 45일만에 시내 광야, 시내 산에 이르렀습니다. 이는 출애굽기 3장12절에서 말씀하신바 "내가 반드시 너와 함께 있으리라 네가 그 백성을 애굽에서 인도하여 낸 후에 너희가 이 산에서 하나님을 섬기리니 이것이 내가 너를 보낸 증거니라"라는 말씀의 성취였습니다.

2. 하나님께서 시내 산에서 모세에게 말씀하신 바, 시내 산 언약은 무엇이었습니까?(3-6절)

모세가 하나님 앞에 올라가고 여호와께서 산에서 그를 불러 다음과 같이 말씀하셨습니다.

"너는 이같이 야곱의 집에 말하고 이스라엘 자손들에게 말하라 내가 애굽 사람에게 어떻게 행하였음과 내가 어떻게 독수리 날개로 너희를 업어 내게로 인도하였음을 너희가 보았느니라 세계가 다 내게 속하였나니 너희가 내 말을 잘 듣고 내 언약을 지키면 너희는 모든 민족 중에서 내 소유가 되겠고 너희가 내게 대하여 제사장 나라가 되며 거룩

한 백성이 되리라 너는 이 말을 이스라엘 자손에게 전할지니라"(3-6절)

곧 시내 산 언약은 그 백성들이 하나님의 말씀을 지킬 것과 이에 대한 세 가지 축복이 전해지고 있습니다. 첫째 축복은 열국 중에 하나님의 소유가 되는 축복입니다. 하나님의 소유가 된다는 것은 하나님의 보호와 인도하심을 전제하며 전적으로 하나님께 속한 자가 되는 놀라운 축복입니다. 둘째 축복은 하나님께 대하여 제사장 나라가 되는 것입니다. 하나님께서는 아브라함을 부르실 때에도 그에게 복을 주시고 땅의 모든 족속이 그로 말미암아 복을 얻게 하셨습니다. 이것이 바로 제사장입니다. 하나님의 은혜와 복을 먼저 받고 누리고 이를 통하여 그 복이 만민에게 미치게 하며 그들로 하나님께 이르게 하는 것입니다. 셋째 축복은 거룩한 백성이 되는 것입니다. 거룩한 백성은 다른 백성들과는 구별되는 것으로 수동적으로 따로 구분되는 것이 아닌, 보다 능동적으로 하나님께서 이 백성을 통해서 특별한 일을 행하심을 전제하는 것입니다.

특별히 '제사장 나라'와 '거룩한 백성'은 '거룩'이라는 주제를 가진 레위기에서 풀어짐을 살펴볼 수 있을 것입니다.

3. 하나님의 언약에 대하여 백성들은 어떻게 응답하였습니까?(7-8절)

모세가 와서 백성의 장로들을 불러 여호와께서 자기에게 명하신 그 모든 말씀을 그 앞에 진술하니 백성이 일제히 응답하여 '여호와께서 명령하신 대로 우리가 다 행하리이다'(8절)라고 말하였으며 모세는 백성의 말로 여호와께 전하였습니다.

4. 하나님께 빽빽한 구름 가운데서 임하신 이유는 무엇입니까?(9절)

하나님께서 빽빽한 구름 가운데서 임하심은 하나님께서 모세에게 말한 것을 백성으로 듣게 하며 또한 영원히 믿게 하시기 위함이었습니다. 하나님께서는 이를 통해서 모세로 하여금 더욱 더 하나님을 신뢰케 하며 하나님을 섬기는 자들로 그를 경외케 하며 죄 가운데서 떠나게 하시는 것입니다.

5. 셋째 날 하나님의 임재를 위하여 하나님께서는 무엇을 모세에게 명하셨습니까?(10-13절)

하나님께서는 다음과 같이 모세에게 명하셨습니다.

"너는 백성에게로 가서 오늘과 내일 그들을 성결하게 하며 그들에게 옷을 빨게 하고 준비하게 하여 셋째 날을 기다리게 하라 이는 셋째 날에 나 여호와가 온 백성의 목전에서 시내 산에 강림할 것임이니 너는 백성을 위하여 주위에 경계를 정하고 이르기를 너희는 삼가 산에 오르거나 그 경계를 침범하지 말지니 산을 침범하는 자는 반드시 죽임을 당할 것이라 그런 자에게는 손을 대지 말고 돌로 쳐죽이거나 화살로 쏘아 죽여야 하리니 짐승이나 사람을 막론하고 살아남지 못하리라 하고 나팔을 길게 불거든 산 앞에 이를 것이니라 하라"(10-13절)

우리는 이로써 하나님 앞에 나아갈 때에 어떻게 예비하여야 하는지를 배웁니다. 오늘날 하나님을 경외함을 잃어버린 세대가 반드시 회복해야 할 말씀입니다. 신앙에 두려워함이 없고 예비함이 없는 것은 결국 거짓된 신앙의 증거가 되는 것입니다.

6. 모세는 셋째 날 하나님의 임재를 위하여 백성들에게 무엇을 명하였습니까?(14-15절)

모세는 백성으로 성결케 하였고 이에 백성들은 자기 옷을 빨았습니다. 또한 모세는 백성에게 예비하여 셋째 날을 기다리고 여인을 가까이 말라고 하였습니다.

7. 하나님 임재의 모습을 살펴봅시다(16-19절).

셋째 날 아침에 우레와 번개와 빽빽한 구름이 산 위에 있고 나팔소리가 심히 크니 진중 모든 백성이 다 떨었습니다. 모세가 하나님을 맞으려고 백성을 거느리고 진에서 나오매 그들이 산 기슭에 섰더니 시내 산에 연기가 자욱하니 여호와께서 불 가운데서 거기 강림하셨습니다. 그 연기가 옹기 가마 연기 같이 떠오르고 온 산이 크게 진동하며 나팔 소리가 점점 커질 때에 모세가 말한즉 하나님이 음성으로 대답하셨습니다.

8. 산 꼭대기에 강림하신 하나님께서 무엇을 모세에게 말씀하셨습니까?(20-25절)

하나님께서는 시내 산 꼭대기에 강림하셔서 그리로 모세를 부르셔서 그에게 말씀하셨습니다. 첫째, 백성을 경고하라 백성이 밀고 들어와 나 여호와에게로 와서 보려고 하다가 많이 죽을까 하노라 하였습니다. 둘째 여호와에게 가까이 하는 제사장들로 그 몸을 성결히 하게 하라 나 여호와가 그들을 칠까 하노라 하였습니다. 셋째, 내려가서 아론과 함께 올라오고 제사장들과 백성들에게는 경계를 넘어 여호와에게로 올라오지 못하게 하라 내가 그들을 칠까 하노라 하셨습니다.

■ 모세의 시내산 등정

NO	등/하산	성구	목적
1차 등반	올라감	출 19:3	언약에 대한 하나님의 뜻을 전달 받음 (출 19:5-6)
	내려옴	출 19:7	하나님의 뜻을 전달함
2차 등반	올라감	출 19:8	셋째 날에 강림하실 하나님을 성결함으로 기다리게 함(출 19:10-11)
	내려옴	출 19:14	백성을 성결하게 함
3차 등반	올라감	출 19:20	백성들이 시내산에 오르지 못하도록 경계하심
	내려옴	출 19:25	하나님의 뜻을 전달함
4차 등반	올라감	출 20:1,21	십계명과 율례를 받음
	내려옴	출 24:3	율법서 낭독과 언약식 체결(출 24:3-8)
5차 등반	올라감	출 24:9	공동식사를 행함(출 24:11)
	내려옴	?	
6차 등반	올라감	출 24:15	40주야 동안 십계명과 성막에 대한 계시를 받음(출 24:18)
	내려옴	출 32:15	금송아지 우상 숭배 사건으로 십계명 돌판을 깨뜨림
7차 등반	올라감	출 32:30	이스라엘을 위한 중보
	내려옴	출 33:4	장신구를 떼어냄
8차 등반	올라감	출 34:4	십계명을 다시 받기 위해 40 주야를 머뭄
	내려옴	출 34:29	십계명 돌판을 들고 내려옴

묵상

01 제사장 나라와 거룩한 백성에 관하여 나누어 봅시다.

02 아브라함 언약과 시내 산 언약을 비교하여 봅시다.

03 이스라엘이 하나님께 나아가기 위하여 예비하였던 것을 우리들의 삶에 적용하여 봅시다.

되새김

시내 산 언약은 그 하나님의 언약에 우리들을 동참케 하며 우리로 속하게 하십니다. 우리는 하나님의 백성이 됨에 이 특권을 소중히 여겨야 할 것이며 하나님을 경외함과 그 앞에서 정결하고 순결된 삶을 회복하여야 할 것입니다. 우리를 제사장 나라 삼으신 하나님의 귀하신 뜻이 온전히 이루어져야 할 것입니다.

PART

20

십계명
20장1~26절

Key Point

19장의 시내 산 언약의 구체적인 내용이 20장으로부터 23장까지 나타나고 있습니다. 그 중에서도 가장 먼저 언급된 말씀은 십계명입니다. 십계명은 다른 율법과 특별히 구분되어짐으로 그 중요성이 강조됩니다. 십계명은 단지 이스라엘뿐만 아니라 모든 열방에게 그리고 더 나아가 오늘날 모든 세대의 사람들에게 동일한 구속력을 가지는 것입니다.

본문 이해

1. 십계명은 다른 율법들과 어떻게 구별되어집니까?

첫째, 십계명은 하나님께서 이스라엘에게 주신 모든 율법 가운데서도 그것만이 가장 엄숙한 현현과 거룩한 임존 가운데서 하나님의 음성에 의하여 선포되었습니다. 둘째, 십계명은 여호와의 모든 법도 중에서 그것만이 하나님의 손가락으로 직접 쓰셨고, 돌비에 새겼으며, 또한 이렇게 쓰신 것은 그 영구성과 폐할 수 없는 본성을 의미합니다. 셋째, 십계명은 오직 그것만이 법궤 속에 보관됨으로 이스라엘에게 지엽적으로 적용되는 다른 모든 율법으로부터 구분됩니다[14].

2. 십계명의 내용에 관하여 살펴봅시다[15].

1) 제 일 계명은 무엇입니까?(3절)

"너는 나 외에는 다른 신들을 네게 두지 말라"

하나님을 사랑하라

제1계명의 말씀의 스피릿을 이해하여야 합니다. 참된 사랑을 만나기

---

14) 아더 핑크, 『출애굽기 (상)』, 332쪽

15) 박승호, 『하나님의 구원 경영』(서울: 한국장로교출판사, 2013), 193-224쪽.

전에는 많은 사랑을 만날 수 있습니다. 그러나 진정한 참된 사랑을 만나면 다른 사랑을 함께 할 수 없습니다. 이는 사랑의 특징입니다. 다른 사랑을 가지는 것은 사랑에 대한 배신이요, 외도입니다. 너는 나 외에 다른 신들을 네게 두지 말라는 말씀은 곧 하나님만을 진정으로 사랑하라는 말씀입니다. 하나님에 대한 사랑에 대한 표현은 그를 으뜸으로 섬김으로 증거 됩니다. 하나님보다 더 사랑하는 것이 있다면 이는 하나님을 사랑하는 것이 아닙니다.

2) 제 이 계명은 무엇입니까?(4-6절)
"너를 위하여 새긴 우상을 만들지 말고..."

하나님과 인격적 교제를 가져라

두 번째 계명인 하나님을 우상화하지 말라는 것은 단지 우상 조각을 금하는 말씀 정도로 여겨서는 안될 것입니다. 이 말씀의 스피릿은 마치 우상이 말하지도, 듣지도 못하는 바와 같이 하나님을 우상과 같이 여기는 태도를 금하며 하나님과 '인격적 교제'를 가지라는 말씀이 됩니다.

3) 제 삼 계명은 무엇입니까?(7절)
"너는 네 하나님 여호와의 이름을 망령되게 부르지 말라..."

삶의 의미와 목적을 하나님의 이름의 거룩함에 두어라

제3계명의 스피릿은 그 이름을 망령되게 부르지 않음에 의미와 목적이 있는 것이 아닙니다. 부정의 계명을 긍정의 계명으로 바꾸어 이해할 수 있어야 할 것입니다. 곧 제3계명의 스피릿은 하나님 아버지의 이름이 거룩하게 여김을 받음에 있습니다. 주님께서 가르쳐주신 기도문의 첫 번째 기도문 또한 아버지의 이름이 거룩히 여김을 받으심에 있는 것입니다. 이는 기도의 목적이며 우리의 인생의 목적이 됩니다.

4) 제 사 계명은 무엇입니까?(8-11절)
  "안식일을 기억하여 거룩히 지키라..."

은혜로 살겠습니다

제4계명의 스피릿은 날과 절기를 지킴에 있지 않습니다. 안식일을 지킴이 중요한 이유는 안식일을 지킴은 곧 하나님의 창조를 감사하고 그 은혜를 고백함에 있는 것입니다. 그러므로 안식일을 지키는 사람은 그 은혜 안에 있는 사람이며 안식일을 지키지 않는 사람은 그 은혜와 상관이 없는 사람이 됩니다. 이는 신약의 예수 그리스도의 구속과도 연결되어집니다. 창조와 구속은 동일한 원리를 가집니다. 예수님께서 십자가에서 이루신 모든 것을 받아들이는 자는 그 은혜 안에 있는 자이며 자기 의로 사는 사람들은 하나님의 사역과 그 은혜에서 떨어진 자가 되는 것입니다.

5) 제 오 계명은 무엇입니까?(12절)

"네 부모를 공경하라..."

하나님께서 세우신 영적 권위에 복종하겠습니다

부모공경의 계명은 모든 종교와 사상과 철학과 윤리에서 가르치는 바입니다. 이러한 윤리적인 이해를 성경이 함께 하며 동의하며 가르치는 것이 아니라 이 5계명의 스피릿은 하나님께서 세우신 영적인 권위에 복종함에 있는 것입니다. 하나님께서 세우신 부모, 교사, 구역장, 리더, 목자에게 복종하고 그 질서에 따르는 것입니다. 하나님께서는 하나님 나라를 교회를 통해서, 사람을 통해서 세우십니다. 하나님의 일은 하나님이 직접하시는 것이 아니라 사람을 통해서 행하십니다. 그러므로 교회가 하는 일 또한 사람을 세우는 일이며 사람을 존대하고 순종하는 것이 믿음이고 신앙입니다.

6) 제 육 계명은 무엇입니까?(13절)

"살인하지 말라"

살리는 일을 하겠습니다

십계명은 단순한 윤리적 계명이 아닌 사상이고 철학입니다. 이는 하나님의 마음이며 스피릿입니다. 제6명은 '살인하지 말라'입니다. 그러나 그 정신은 살인하지 않음에 있는 것이 아니라 살리는 데에 있는 것입니다. 우리는 죽이는 일에 부르심을 받은 것이 아니라 살리는 일에 부름 받았습니다. 생각이나 말로나 남을 죽이는 일을 해서는 안될 것입니다. 선악과의 원리는 판단하고 심판하는 일이지만 우리는 생명나무의 원칙을 따라 살리는 일을 하여야 합니다.

7) 제 칠 계명은 무엇입니까?(14절)
"간음하지 말라"

그리스도의 신부로 정결하게 살겠습니다

제7계명은 "간음하지 말라"(출 20:14)입니다. 간음을 금하시는 말씀은 그 목적이 금함에 있는 것이 아니라 보호에 있습니다. 살인을 금함에 있는 것이 아니라 생명 보호에 있는 바와 마찬가지로 간음을 금함은 순결을 지키고 보호함에 있습니다. 곧 제7계명의 목적은 우리로 하여금 이 음란한 시대 속에서 그리스도의 신부로서 육적, 영적 정결함을 가르치시는 것입니다.

8) 제 팔 계명은 무엇입니까?(15절)
"도둑질하지 말라"

왕권으로 부하게 하는 자가 되겠습니다

말씀은 우리들의 생명을 보호하고, 우리의 순결을 보호하고, 우리의 재산을 보호합니다. 더 나아가 우리는 생명을 살리고, 거룩케 하며, 복되게 하는 왕의 사역을 감당하게 되는 것입니다. 제8계명 "도둑질하지 말라"(출 20:15)는 계명은 탈세, 임금 착취, 폭리 등을 금할 뿐만 아니라 자족을 하며 부하게 하는 자로 가르치십니다.

9) 제 구 계명은 무엇입니까?(16절)
　"네 이웃에 대하여 거짓 증거하지 말라"

제사장의 언어 생활을 하겠습니다

　제9계명 "거짓 증거하지 말라"(출 20:16)입니다. 이기적인 목적을 가질 때에 우리의 언어는 거짓되게 쓰임을 받습니다. 그러나 하나님의 자녀들은 살리는 일을 위해 부름을 받은 제사장들입니다. 그러므로 그 언어생활 또한 살리며, 세워주고, 격려하는 언어생활을 하여야 합니다.

10) 제 십 계명은 무엇입니까?(17절)
　"네 이웃의 집을 탐내지 말라..."

섬김의 사람이 되겠습니다

　제10계명은 "네 이웃의 소유를 탐내지 말라"(출 20:17)입니다. 내 것이 아닌 것에 대한 집착과 소유욕은 결국 탐심을 가지고 오게 됩니다. 탐심으로부터 시작하여 모든 거짓과 도둑질과 음란과 살인까지 이르게 되어지는 것입니다. 그러므로 탐심은 우리들의 근원적인 죄의 영역에 있습니다. 이제 탐심을 금하시는 말씀은 우리 안에 탐심을 제할 뿐만 아니라 우리들의 삶의 지향점이 탐심과 소유에 있는 것이 아니라 자족과 섬김에 있음을 가르칩니다. 이는 소유 중심적인 자아의 가치관에서 왕같은 제사장의 섬김의 사람으로 존재론적인 변화를 요구하시는 것입니다.

참고로 홍정길 목사님의 십계명 강해에서는 다음과 같이 십계명의 의미를 정리 하였습니다[16].

제1계명: 잘못된 예배 대상을 섬기는 것을 금지
제2계명: 잘못된 예배 방법으로 섬기는 것을 금지
제3계명: 잘못된 예배 태도에 대한 금지
제4계명: 예배의 날을 제정하심
제5계명: 가장 처음 만나는 이웃인 부모에 대한 계명
제6계명: 타인의 인격, 육신, 영혼을 보호하는 계명
제7계명: 타인의 가정을 보호하시는 계명
제8계명: 타인의 재산권을 보호하시는 계명

---

16) 홍정길, 『십계명 강해』(서울: 크리스챤서적, 2004), 207-209쪽.

제9계명: 입술을 경계하는 계명

제10계명: 탐심을 경계하는 계명

3. 백성들이 본 것은 무엇입니까?(18절)

뭇 백성이 우레와 번개와 나팔 소리와 산의 연기를 보았습니다. 그들이 볼 때 떨었습니다. 십계명은 이와 같이 다른 율법과 구분되어 특별하게 강조되어 이스라엘 가운데 주어진 것입니다.

4. 백성들은 모세에게 무엇을 요구하였습니까?(19절)

백성들은 모세에게 '당신이 우리에게 말씀하소서 우리가 들으리이다 하나님이 우리에게 말씀하시지 말게 하소서 우리가 죽을까 하나이다'(19절)고 말하였습니다.

5. 하나님의 강림하심의 목적은 무엇입니까?(20절)

모세는 백성에게 두려워말 것을 말하였습니다. 하나님의 강림하심은 그들을 시험하고 그들로 경외하여 범죄하지 않게 하려 하심입니다.

6. 하나님께서 십계명을 말씀하신 후에 모세에게 말씀하신 것을 살펴봅시다(22-26절).

하나님께서는 모세에게 다음과 같이 말씀하셨습니다.

"너는 이스라엘 자손에게 이같이 이르라 내가 하늘로부터 너희에게 말하는 것을 너희 스스로 보았으니 너희는 나를 비겨서 은으로나 금으로나 너희를 위하여 신상을 만들지 말고 내게 토단을 쌓고 그 위에 네 양과 소로 네 번제와 화목제를 드리라 내가 내 이름을 기념하게 하는 모든 곳에서 네게 임하여 복을 주리라 네가 내게 돌로 제단을 쌓거든 다듬은 돌로 쌓지 말라 네가 정으로 그것을 쪼면 부정하게 함이니라 너는 층계로 내 제단에 오르지 말라 네 하체가 그 위에서 드러날까 함이니라"(22-26절)

22-26절은 제단에 관한 법입니다. 첫째, 십계명 중에서 특별히 2계명 중심으로 말씀하심은 이스라엘이 범하기 쉬운 죄에 대하여 알게 하시며 주의케 하심이 됩니다. 둘째, 이스라엘로 하여금 흙으로 만든 단인 토단을 쌓게 하고 돌로 제단을 쌓을 때에 정으로 쫀 정교한 제단을 금지하심은 하나님을 섬기는 제단조차 우상화되지 않게 하심입니다. 셋째, 제사장이 제단에 오를 때에 하체를 드러나지 않게 하심은 우리의 섬김이 인간의 본성에 기인하지 않게 하심입니다. 섬김에는 내 감정, 내 열심, 내 방법과 주장이 드러나서는 안됩니다. 오직 섬김에는 그리스도께서 드러나야 하는 것입니다.

묵 상

01 십계명의 스피릿을 정리하여 봅시다.

02 십계명의 각 계명을 나의 삶에 적용하여 봅시다.

03 십계명이 다른 율례들과 구분되어진 이유는 무엇입니까?

되새김

십계명은 지킨다는 것은 단순한 계명을 지킴을 넘어 십계명의 스피릿을 이해하고 그 스피릿을 행함을 의미하는 것입니다. 십계명은 하나님 사랑과 이웃 사랑입니다. 결국 사랑을 잃어버린 계명의 준수는 십계명의 정신을 잃어버리는 것입니다.

21

종에 관한 법
21장1~11절

Key Point

모세의 율법은 크게 도덕법과 시민법 그리고 의식법으로 나누어져 있습니다. 도덕법은
십계명 안에 있고, 시민법은 출애굽기 21-23장에 해당하는 부분으로 여기에 속하는 것
입니다. 마지막 의식법은 주로 레위기에 나타나 있습니다. 세 가지 법은 각각 성부 하나
님의 통치에 관하여, 성령 하나님의 활동과 그 영역에 관하여, 성자 하나님에 관한 모형
으로서의 의미를 가지고 교훈합니다. 이제 앞으로 살펴 볼 바 여러 가지 법들은 이 중에
서 두 번째인 시민법으로서 이스라엘의 사회적 규범과 함께 이를 통한 하나님의 진리에
대한 적용을 보여주는 것입니다.

본문 이해

출애굽기 19장의 시내산 언약의 준비와 20장의 십계명의 말씀에 이어 21-23장의 시민법의 말씀은 '종에 관한 말씀'으로부터 시작합니다. 십계명의 말씀도 종에 관한 말씀을 먼저 하심은 하나님의 법은 우리들을 종됨에서 자유를 주심을 알게 하십니다. '나는 너를 애굽 땅, 종 되었던 집에서 인도하여 낸 네 하나님 여호와니라'(출 20:2) 이스라엘 백성들은 외적으로 종된 애굽에서 나왔을 뿐만 아니라 내적으로 그들의 삶 가운데에서도 종된 자가 아닌 자유인으로 살아야 하는 것입니다. 그러나 참된 자유인은 종됨에서 자유가 아닌 하나님께서 주신 통치와 다스림 가운데 행하는 자입니다.

1. 2절의 히브리 종은 어떠한 종입니까?(1-2절)

십계명에 대한 말씀이 끝을 맺고 다음으로 이스라엘에게 주신 여러 가지 법에 대한 말씀이 나타납니다. 1절 말씀, '네가 백성 앞에 세울 법규는 이러하니라'는 말씀은 이러한 구분을 명확하게 합니다. 이제 십계명에 이어 나오는 여러 가지 법률들은 십계명의 정신이 어떻게 실생활에 적용되어져야 하는지에 관한 예를 제공하여 줍니다.

2절 말씀의 히브리 종은 특별히 이스라엘인으로서 종이 된 동족의 예를 전하여 줍니다. 히브리인이 종이 되는 예는 빚을 갚지 못했을 때나(

레 25:39), 도적질한 것을 배상할 능력이 없을 때(출 22:3) 등에서 찾아볼 수 있습니다. 그러나 이방인들이 종이 되었을 때에 대한 예는 레위기 25장 39-46절에서 찾아 볼 수 있는 바와 같이 주인의 영구한 소유가 되어 히브리 종과 차이가 있음을 살펴 볼 수 있습니다.

또한 이 종은 7절 이하에 나오는 여종과도 구분되어 집니다. 여종들은 남종과는 다른 보호를 받기 때문입니다.

2. 히브리 남종에 대한 여러 가지 법과 그 의미에 대하여 살펴 봅시다 (2-6절).

첫째로, 히브리 종을 사면 그가 육 년 동안 섬길 것이나 제 칠 년에는 값없이 나가 자유하게 하였습니다(2절). 이는 누구도 임의로 사람을 취하지 못하도록 하는 것으로 사람을 법적으로 보호하는 것입니다.

둘째로, 단신으로 왔으면 단신으로, 장가들었으면 그 아내도 함께 나갈 수 있었습니다(3절). 이는 철저하게 종의 입장에서 보호를 받는 명확한 규정을 제공하는 것입니다.

셋째로, 종이 된 이후에 상전이 그에게 아내를 줌으로 그 아내가 자녀를 낳았으면 그 아내와 그 자식들은 상전에게 속하며 그는 단신으로 나가되 만일 상전과 처자를 사랑하여 나가 자유하지 않겠노라 하면 그로 영원한 주인을 섬길 수 있게 하였습니다(4-6절). 이것은 어디까지나 종의 선택에 의한 것입니다. 당시의 종들은 자유케 되어도 그의 삶이 형통하리라는 보장이 없는 상황임을 먼저 이해함이 있어야 할 것이며 또한 당시의 이스라엘의 종은 이방인의 종 개념과는 달리 하나의 가족처럼 여겨졌으므로 우리는 이러한 종의 개념을 노예의 개념으로 이해해서는 안 될 것입니다. 성경적인 종에 관한 이해는 구약에서 아브라함의 종 엘리에셀을 통해서(창 15:2), 신약에서는 빌레몬의 종 오네시모를 통해서 살필 수 있습니다(몬 1:16).

특별히 영원히 종이 되어질 때에 상전이 그를 데리고 재판장에게로 가서 그를 문이나 문설주 앞으로 데리고 가서 그것에다가 송곳으로 그 귀를 뚫는 의식을 통해서 단순히 한 종의 영원한 자유의 상실의 개념이 아닌, 한 종이 영원한 주인에게로 예속되어지는 개념으로 보아야 할 것입니다.

3. 히브리 남종과 여종의 차이가 있는 이유는 무엇입니까?(7절)

히브리 남종과 여종의 차이가 있는 이유는 여종을 단순히 일을 위하여 삼은 것이 아니기 때문입니다. 여종은 주인의 또 다른 아내로 삼게 되었습니다. 그러므로 자칫 이 여종을 자유케 한다는 것은 이 여종을 임의로 버리는 것을 의미하기에 여종은 남종과는 다른 차이를 둔 것입니다.

4. 히브리 여종에 대한 여러 가지 법과 그 의미를 살펴봅시다(8-11절).

첫째, 여종을 그 주인이 기뻐하지 않으므로 그와 성적인 관계를 맺지 않고 내어 보내려고 할 때입니다. 이때에 주인은 여인의 몸값을 받고 내어 보낼 수가 있었습니다. 그러나 외국인에게는 팔 수 없었는데 이 또한 여종을 보호하기 위한 것입니다.

둘째, 만일 그를 자기 아들에게 주기로 하였으면 그를 딸 같이 대우하여야 했습니다.

셋째, 섬기는 주인이 달리 장가들지라도 그의 의복과 음식과 동침하는 것은 끊지 못하게 하였습니다. 이는 여종을 데리고 왔을 때에는 아내로서 데리고 왔기 때문에 이에 대한 충분한 예우를 해야 함을 의미하는 것입니다. 한 사람의 아내가 되었을 때에 그가 비록 종으로 팔려왔을 지라도, 비록 한 남편의 사랑을 잃었다 할지라도 어머니가 될 수 있는 기회를 박탈되지 않게 사회적인 보호를 하고 있는 것입니다.

만일 이 세 가지를 시행하지 아니하면 여종은 속전을 내지 않고 거저 나갈 수 있었습니다. 이는 철저하게 여종을 사회적인 법으로서 보호하는 것으로 참된 법의 의미를 밝혀 주는 것입니다.

묵상

01   법은 어떠한 가치를 가지고 있어야 합니까?

02   종에 대한 법 속에 깃든 십계명의 정신은 무엇입니까?

03   히브리 종에 대한 법이 주는 교훈에 관하여 나누어 봅시다.

되새김

히브리 종에 대한 법은 종을 규제하는 데에 목적이 있는 것이 아니라, 종을 보호하는 데에 목적을 가지고 있습니다. 이는 법의 참된 목적이 어디에 있는가를 밝혀 주는 것입니다. 히브리 종과 이방인 종의 차이, 남종과 여종의 차이 등등 그들에 대한 규정들은 다르지만 한결같이 스며들어 있는 것은 율법의 참된 정신인 십계명의 정신입니다. 따라서 사회적인 여러 가지 가치 속에서 참된 말씀의 정신을 잘 적용하는 것이 중요합니다. 율법을 위한 율법이 아닌 사람을 위한 율법의 이해를 가져야 하는 것입니다.

P A R T

22

살인에 관한 법
21장12~27절

Key Point

이번 과에서는 살인에 관한 법이 다루어지고 있습니다. 곧 사형에 처해지는 4가지 경우를 전합니다. 개인의 생명을 살인한 사람을 사형에 보응함은 결국 생명의 소중함을 일깨우고자 하시는 것입니다. 그러나 사형에 대한 규정은 살인에만 국한되지 않고 더욱 확대됩니다. 이는 마치 사람을 살인한 것과 같은 무거운 죄가 살인 이외에도 있음을, 어떠한 죄는 살인에 관한 죄의 무게만큼 무거움을 일깨우는 것입니다.

본문 이해

종에 관한 법에 이어 살인에 관한 법에 관한 말씀을 전합니다. 살인은 법에 있어서 가장 중대하며 무겁게 여겨집니다. 살인에 관한 법은 1. 살인에 관한 일반적인 규정 2. 살인에 관한 예외적인 규정과 그 한계 3. 살인에 관한 추가 조항을 전합니다.

1. 살인에 관한 법의 원칙은 무엇입니까?(12절)

살인에 관한 기본적인 원칙은 사람을 쳐 죽인 자는 반드시 죽일 것이다라는 것입니다. 이것은 어떠한 사람을 심판하는 것에 목적이 있는 것이 아니라 이러한 심판을 통해서 개인의 생명의 귀중함을 일깨우고 보존케 하기 위함인 것입니다.

2. 다른 사람을 죽인 자가 살아남을 수 있는 예외적인 경우는 무엇입니까?(13절)

사람의 계획함이 없이 어떠한 사람을 죽게 하였을 때에는 그 사람으로 정해진 장소로 도망하여 그 목숨 잃음을 피할 수 있게 하셨습니다. 특별히 말씀은 이러한 우연 속의 일이라도 그것을 우연이라고 말하지 않고 하나님이 사람을 그 손에 붙이셨다고 하십니다. 우리는 사람의 생명의 일들을 우연 속에서 보지만 하나님께서는 모든 것을 섭리하시는 분이신 것입니다.

출애굽기에 나타난 도피성에 관한 규정은 모세오경과 여호수아의 말씀을 통해서 더욱 확장됩니다(출 21:12-14, 민 35:9-34, 신 4:41-43, 신 19:1-13, 수 20:1-9).

3. 도피적인 장소로라도 보호를 받지 못하는 경우는 어느 때입니까?(14절)

개인의 의도와는 상관없는 살인 행위와는 달리 철저한 계획 속에서 이루어진 살인은 그가 제단을 잡더라도 용서함을 받지 못하였습니다. 그는 결국 한 사람의 생명을 업신여겼을 뿐만 아니라 근본적으로 하나님을 업신여겼기 때문입니다.

4. 살인하지 않고도 사형 죄에 해당하는 죄들은 어떠한 것들입니까?(15-17절)

비록 살인하지 않았다 할지라도 다음의 경우에는 사형이 주어졌습니다. 첫째, 자기 아버지나 어머니를 치는 자는 죽여야 했습니다. 인간에게 주어진 계명에서 하나님을 향한 계명으로 역으로 넘어가는 과정인 부모에 대해서는 부모를 치는 자는 반드시 죽이라 하였습니다. 두 번째로 사람을 납치한 자가 그 사람을 팔았든지 자기 수하에 두었든지 그를 반드시 죽이라 하였습니다. 이는 곧 인신매매에 관해서 법률로서 남의 생명을 도적질하여 그것을 팔았든지 팔지 않았다 하더라도 자기 수하에 두는 자는 반드시 죽이라고 함으로 생명의 존엄성에 관하여 가르치는 것입니다. 예수님까지 결국 십자가에 은 삼십에 팔리셨다는 사실은 인신매매에 대한 심판의 크기를 과히 짐작케 하는 것입니다. 또한 부모에 관해서는 다시 한 번 더 반복하는바 세 번째로 부모를 저주하는 자는 반드시 죽이라 하였습니다. 이것은 단순히 부모만을 위한 것이 아니라 부모에 관해서도 이러할진대 더 나아가 안식을 지키지 아니하고, 여호와의 이름을 망령되이 일컸고, 우상을 숭배하고, 하나님 외에 다른 신을 섬기는 자들에 대한 심판의 크기는 어떠할 지를 온전히 깨달아야 하는 것입니다.

묵 상

01 살인에 관한 법규의 정신은 무엇입니까?

02 살인보다 더 큰 살인은 오늘날 어떠한 것들이 있습니까?

03 예수님께서 가르쳐주신 살인에 관한 법은 무엇입니까?(마 5:21-26)

되새김

말씀은 상해보상법에 관한 말씀 이전에 생명의 상해에 관한 법을 먼저 다루고 있습니다. 어떠한 재산상의 손실과 달리 인간의 생명의 손실은 물질로서 결코 보상할 수 없는 것입니다. 하나님께서는 우리들의 생명을 얻기 위하여 어떠한 재산적인 값을 지불하지 않으셨습니다. 생명을 잃었을 때에 생명 외에는 보상할 수 없는 것과 마찬가지로 생명을 얻기 위해서도 생명 이외에는 길이 없는 것입니다. 곧 이스라엘 법률은 단순한 사회규범의 범주가 아닌 그리스도께 적용할 때에야 바른 이해를 할 수 있는 것입니다.

23

상해보상법
21장18~36절

Key Point

이번 과에서는 타인의 생명과 재산에 대한 피해를 다루고 있는 상해보상법을 다루고 있습니다. 이러한 보상법은 적절한 보상을 목적으로 하는 것이 아니라 심판과 보상을 통하여 사람의 생명과 재산을 보호하고 이에 대한 보복의 악순환을 끊기 위한 것입니다.

본문 이해

1. 상해보상법에 있어 재산상에 피해 이전에 먼저 나온 것은 무엇입니까?(18-19절)

살인에 관한 법도 넓게는 상해보상법의 범주에서 다룰 수 있을 것입니다. 생명에 대한 보상은 결국 재산으로 이루어질 수 없기에 생명으로 보상하기 때문입니다. 이제 재산상의 보상을 다루기 전에 말씀은 먼저 폭력 등에 의한 신체의 상함에 대한 법에 대한 말씀을 하고 있습니다. 생명이 가장 귀한 것과 마찬가지로 어떠한 재산상의 손실 이전에 사람의 신체에 대한 규정을 먼저 말씀하시는 것입니다.

2. 신체의 상함을 가한 사람은 어떻게 보상해야 합니까?(18-19절)

폭력 등에 의해 신체를 가해한 사람은 크게 두 가지로 보상하여야 합니다. 첫째는 기간 손해를 배상하는 것입니다. 피해자가 가해를 입는 동안 그가 벌어야 할, 잃은 손해에 대해서 보상하는 것입니다. 이것은 그 자체로 정해지지 않은 손해의 범주로서 신체의 가해가 얼마나 무서운 것인지를 배우게 하는 것입니다. 둘째, 전치되게 하는 것으로 가해자는 피해자가 다 낫을 때까지 돌보아야 할 의무를 가지게 되는 것입니다. 말씀은 이러한 규정에 있어 어떠한 일로 피해를 입고 가해하게 되었는지 밝히고 있지 않습니다. 다만 말씀은 참된 정신에 대하여 규명하고자 하는 것입니다.

3. 상해보상법에 있어 종에 대한 율례는 무엇을 가르치고 있습니까?(20-21절)

상전이 매로 그 남종이나 여종을 쳐서 당장에 죽으면 반드시 형벌을 받지만 하루 이틀 연명하면 형벌에서 면함은 종은 상전의 재산이라 하였습니다. 얼핏 보면 이는 종의 생명을 하찮게 보는 것 같지만 종에 대한 율례가 우리들에게 가르쳐 주고자 하는 것은 종이라 할지라도 그 생명됨을 함부로 해서는 안된다는 것을 가르쳐주는 것입니다.

4. '동해보복법'인 '눈은 눈으로, 이는 이로, 손은 손으로, 발은 발로...'의 율례가 가르치는 바를 아이 밴 여인의 낙태에 관한 규정의 범주에서 살펴봅시다(22-25절).

사람이 서로 싸우다가 아이 밴 여인을 다쳐 낙태케 하였으나 다른 해가 없으면 그 남편의 청구대로 반드시 벌금을 내되 재판장의 판결을 따라 낼 것이라 하였습니다. 그러나 다른 해가 있으면 갚되 생명은 생명으로 눈은 눈으로, 이는 이로, 손은 손으로, 발은 발로, 데운 것은 데움으로, 상하게 한 것은 상함으로 때린 것은 때림으로 갚을지니라고 가르치고 있습니다. 특별히 동해보복법의 규정이 임산부에 대한 가해의 심판으로 주어지는 바는 임산부에게 끼치는 해에 대한 엄중함을 가르치며 또한 '눈은 눈으로, 이는 이로'의 규정은 앞선 십계명의 정신이 밝혀 주는 바, 단순히 심판과 보복이 목적이 아닌 재판장의 중재와 판결, 심판을 통해 보복의 악순환을 막기 위한 사랑과 정의의 법인 것입니다.

5. 종에 대한 상해의 율례가 가르치는 바는 무엇입니까?(26-27절)

앞선 종의 죽음에 대한 율례에 이어 종의 상해에 대한 율례가 나타나고 있습니다. 이처럼 종에 관한 말씀은 가장 낮고 천하게 인식되어지는 사회적 계층에 대한 대우에서부터 율례의 본래의 정신을 일깨우고자 하는 것입니다.

주인이 그 남종의 한 눈이나 여종의 한 눈을 쳐서 상하게 하면 그 눈 대신에 그를 놓을 것이라 하였으며, 그 남종의 한 이나 여종의 한 이를 쳐서 빠뜨리면 그 이 대신에 그를 놓을지니라고 하였습니다. 이러한 상해에 대한 규정은 곧 종이라고 할지라도 주인으로부터 그 상해에 대한 보호를 받는 것입니다. 그러나 이는 종이 어떠한 결정적인 악함이나 잘못을 한 것에 대한 심판을 전제하지 않는 것을 염두할 때에 율례의 기본적인 정신을 가르치는 것이지 종의 편에서도 악용할 수 없는 것입니다.

6. 소유주의 책임에 관한 상해보상법이 가르치는 교훈은 무엇입니까? (28-32절)

소유주의 책임에 관한 상해보상법은 첫째 사람에게 끼친 상해에 관한 율례와 또 다른 사람의 소유에 끼친 손해에 관해서 규정하고 있습니다.

먼저 소가 남자나 여자를 받아서 죽이면 그 소는 반드시 돌에 맞아서 죽을 것이요 그 고기는 먹지 말 것이며 임자는 형벌을 면하지만, 소가 본래 받는 버릇이 있고 그 임자는 그로 인하여 경고를 받았으되 단속하지 아니하므로 남녀간에 받아 죽이면 그 소는 돌로 쳐서 죽이고 임자도 죽이라 하였습니다. 먼저 여기에 관해서는 부지중에 이루어진 이 일에 대해서는 임자는 소를 잃는 것으로 재산상의 손실을 대신하였던 것입니다. 특별히 사람을 죽인 소를 먹지 못하게 한 것은 사람의 생명을 귀히 여기시는 하나님의 사랑과 인간 생명의 존엄성으로 말미암는 것입니다. 그러나 소의 난폭성을 알고도 이를 제대로 관리하지 않았을 때에는 최고 사형 내지는 속죄금이 명하여졌습니다.

아들을 받든지 딸을 받든지 이 법규대로 그 임자에게 행한다고 하였는데 이는 히브리인 속전제도가 나이와 성별에 따라 차등되었기 때문입니다(레 27:3-8).

소가 만일 남종이나 여종을 받으면 소임자가 은 삼십 세겔을 그의 상전에게 주었으며 소는 돌로 쳐서 죽였습니다. 당시의 남종이나 여종은 구분없이 그 몸 값이 은 30세겔이었으며 이는 예수 그리스도의 몸 값으로 지불된 은 30을 연상케 합니다.

다음으로 사람이 구덩이를 열어 두거나 구덩이를 파고 덮지 아니함으로 다른 사람의 소나 나귀가 거기 빠지면 구덩이 주인이 잘 보상하여 짐승의 임자에게 돈을 줄 것이며 죽은 것은 그가 차지하였습니다.

만일 사람의 소가 다른 사람의 소를 받아 죽게 하면 산 소를 팔아 그

값을 반분하고 죽은 것도 반분하지만 그 소가 난폭함에도 불구하고 단속하지 않았으면 가해를 한 소의 주인은 피해를 입은 주인에게 산 소로 갚고 피해를 입은 주인의 죽은 소를 자신이 가졌습니다. 한편으로 누군가에게 손해를 끼치지 않는 것이 중요하며 다른 한편으로는 손해를 끼친 자는 성실히 그 책임을 다 하여야 하는 것입니다.

묵상

01   참된 보상의 교훈은 무엇입니까?

02   소유에 대한 책임성의 문제를 우리들의 삶에 적용하여 봅시다.

03   동해보복법인 눈으로 눈으로 이는 이로에 대한 예수님의 가르침은 무엇입니까?(마 5:38-42)

되새김

사람의 생명과 재산에 대해서는 이 땅에는 참된 보상이란 있을 수 없습니다. 제한적인 보상을 통해서 더욱 큰 악을 막기 위한 장치인 것입니다. 그러나 예수 그리스도로 말미암은 보상은 온전하며 완벽한 것입니다. 우리는 제한적인 이 땅의 보상에 만족하고 위로를 받으려할 것이 아니라 참된 만족과 보상이 되는 주 예수 그리스도께 나아가야 할 것입니다.

24

손해 배상법
22장1~15절

Key Point

재산에 관한 법은 십계명의 제8계명인 도적질하지 말라는 계명의 범주에 속한 율례입니다. 그러므로 우리는 이 과를 살펴봄에 있어 십계명의 도적질 하지 말라는 계명의 본래적인 정신을 살펴 볼 수 있습니다.

본문 이해

1. 남의 물건을 도둑질 한 경우의 율례를 살펴봅시다(1-4절).

사람이 소나 양을 도둑질하여 잡거나 팔면 그 소 하나에 다섯으로 잡고 양 하나에 넷으로 갚았습니다. 그러나 도둑질한 것이 살아 그 손에 있으면 소나 나귀나 양을 무론하고 갑절을 배상하였습니다. 만일 도둑이 배상할 것이 없으면 그 몸을 팔아 그 도둑질한 것을 배상케 하였습니다.

도둑이 밤에 뚫고 들어옴을 보고 주인이 그를 쳐서 죽이면 이는 정당방위가 되어 피 흘린 죄가 없으나, 해 돋는 후이면 피 흘린 죄가 있었습니다.

도둑질은 십계명의 제8계명에 속한 것으로서 도둑질에 대한 율례 또한 도둑질에 대한 배상의 문제에 초점이 있는 것이 아니라 도둑질의 배상으로 인해 이를 범치 않게 하기 위함인 것입니다.

2. 남의 밭에 피해를 입은 경우의 율례를 살펴봅시다(5-6절).

자신의 짐승이 다른 사람의 밭의 피해를 입힌 경우에 자기 밭의 제일 좋은 것과 자기 포도원의 제일 좋은 것으로 배상하며, 자신의 밭의 불이 다른 사람의 밭에 번져 피해를 입힌 경우에 불 놓은 자가 반드시 배상하였습니다.

　배상은 가장 좋은 것으로 하는 완전한 배상으로서, 배상에도 진실됨이 있어야 하는 것입니다.

3. 맡겨진 남의 물건에 사고가 난 경우의 율례에 관하여 살펴봅시다 (8-15절).

　지금과 같이 은행들에 맡기고 보관할 수 없는 옛 시대에 있어 물품의 맡김에 대한 피해에 대한 규정입니다. 첫째로 맡겨진 물건을 잃어버렸으나 그 도둑이 잡힌 경우입니다. 이 경우에는 도둑이 갑절로 배상하였습니다. 그러나 문제는 두 번째의 경우입니다. 만일 도둑이 잡히지 않으면 물건을 맡은 주인은 재판장 앞에서 물품에 손 댄 여부를 조사 받아야 했으며 만일 책임이 인정되어지면 상대편에게 갑절로 배상하였습니다. 그러나 만일 위탁자가 패소하게 되어지면 위탁자는 무고한 사람에게 의심을 하였으므로 무고죄로 위탁받은 자에게 갑절을 배상해야 했습니다. 셋째 남의 짐승을 맡겨 지키다가 그 짐승이 죽거나 상하거나 끌려 갔으나 본 사람이 없으면 두 사람 사이에 맡은 자가 하나님 앞에 자신이 손을 대지 않았음을 맹세하고 임자는 그대로 믿을 것이며 그 사람은 배상하지 않습니다. 만일 자신의 집에서 도둑 맞았다면 관리의 소홀이 인정이 되어 배상하여야 했으며 만일 맹수에게 물려 찢겼으면 그것을 가져다가 증거하고 그 찢긴 것에 대하여 배상하지 않았습니다. 곧 맹수에게 대한 책임을 맡은 자에게 부당하게 짊 지우지 않았습니다. 넷째, 만일 이웃에게 빌어온 것이 그 임자가 함께 있지 아니할 때에 상하거나 죽으면 반드시 배상하였으나 임자가 함께 있었다면 배상치 않았습니다. 또한 세를 주고 빌려 온 것이라면 또한 배상하지 않았습니다.

묵상

01   소에 대한 배상이 양에 대한 배상보다 큰 이유는 무엇입니까?

02   도둑질 하지 말라는 계명의 본래적인 정신은 무엇입니까?

03   배상의 정신에 관하여 나누어 봅시다.

되새김

도둑질에 대한 배상의 문제에까지 말씀하심으로 이로 통해서 착취 받을 수 있는 사람들에게 대한 배려까지 하고 있습니다. 곧 이 율례의 목적은 도둑질에 대한 심판에 대한 규정으로 범죄를 예방하고 또한 배상하며 이를 통한 착취 받는 자들을 보호함에 목적이 있습니다.

25

간음 거짓증거 탐욕에 관한 법
22장16~23장9절

Key Point

앞선 과에서 보는 바, 출애굽기 21-23장에서의 시민법은 십계명과 밀접한 관계를 가지고 있습니다. 특별히 이 과의 여러 가지 율례들은 7계명 간음(22장16-31절), 9계명 거짓증거(23장1-3절), 10계명인 탐욕(23장4-9절)에 대한 십계명의 정신과 밀접한 관련을 가지고 있습니다.

본문 이해

1. 간음에 관한 율례를 살펴봅시다(22장16-31절).

1) 처녀의 순결을 범함(16-17절)

　사람이 정혼하지 아니한 처녀를 꾀어 동침하였으면 결혼 지참금인 납폐금을 드려 아내를 삼을 것이며 만일 그 아비가 그로 그에게 주기를 거절하면 그는 처녀에게 납폐금으로 돈을 내었습니다.

　십계명의 제7계명인 간음하지 말라는 계명의 심판은 단순히 심판의 목적이 있는 것이 아님을 우리는 본 율례를 통해서 알 수 있습니다. 죄는 단지 심판만을 생각할 것이 아니라 살리는 쪽으로 먼저 생각하여야 하며 죄에 대한 책임을 회피해서는 안되는 것입니다.

2) 무당의 문제(18절)

　보다 본질적인 간음에 대한 문제로 이 땅의 영적인 행음함을 일으키는 무당은 살려두지 말라 하였습니다.

3) 수간의 문제(19절)

　사람이 짐승과 성교를 맺는 이러한 수간은 육체적이며 영적인 간음과 함께 하나님 앞에 가증한 것으로 반드시 죽이라 하였습니다.

4) 우상숭배(20절)

십계명의 제2계명에 속하는 우상숭배의 문제가 제7계명인 간음의 문제와 연관되어 논하여지고 있습니다. 우상숭배는 곧 영적인 간음의 행위로 이스라엘 가운데 멸하여졌습니다.

5) 나그네, 과부, 고아, 가난한 자의 보호(21-27절)

간음의 문제가 사람과 사람, 영적인 다른 실체, 짐승, 다른 신의 문제에서 더욱 확대되어 나그네와 과부, 고아와 가난한 자를 돌보지 않음과 연결되어지고 있습니다. 사람이 사람을 업신여기는 여기는 것은 결국 그리스도의 몸을 더럽히는 것과 같은 것입니다.

6) 재판장과 백성의 지도자에 대한 모독과 저주 금지(28절)

비천한 사람들의 보호와 마찬가지로 존귀한 자들에게 대하여 존엄성을 가져야 합니다.

7) 처음 것(29-30절)

☞ 추수한 것과 짜낸 즙을 바치기를 더디하지 말라 하였습니다. 이는 간음의 문제가 더욱 확대되어 만물에까지 미치는 것입니다. 만물이 하나님의 것임으로 만물에 대한 구별하지 못함이 곧 영적인 간음이 되는 것입니다. 처음 난 아들들을 하나님께 드리며 소와 양도 그와 같이 하여 이레 동안 어미와 함께 있게 하다가 여드레만에 하나님께 드려야 했습니다.

8) 거룩한 사람(31절)

우리는 무엇보다도 우리 자신이 하나님 앞에 거룩한 사람이 되어야 합니다. 우리 자신은 자신의 것이 아니기 때문입니다. 우리 자신의 거룩함의 상실은 곧 주의 몸의 거룩함의 훼손입니다. 우리 자신의 거룩함에 대한 상실 또한 영적인 간음이 되어지는 것입니다.

2. 거짓 증거에 관한 율례를 살펴봅시다(23장1-3절).

거짓증거에 대한 여러 가지 예들이 소개되어지고 있습니다. 곧 허망한 풍설을 전파하지 말 것과 악인과 연합하여 위증하는 증인이 되지 말 것과 다수를 따라 악을 행하지 말 것과 송사에 다수를 따라 부당한 증언을 하지 말며, 가난한 자의 송사라고 해서 편벽되이 두둔하지 말라 하였습니다.

3. 탐욕에 관한 율례를 살펴봅시다(4-9절).

10계명의 이웃의 소유에 대한 탐욕은 더욱 확장되어집니다. 첫째, 원수에 관하여, 곧 원수의 길 잃은 소나 나귀를 만나거든 반드시 그 사람에게 돌려졌습니다. 둘째, 미워하는 자에 관하여 만일 미워하는 자의 나귀가 짐을 싣고 엎드러짐을 보거든 삼가 버려 두지 말고 그를 도와 그 짐을 부리워야 했습니다. 셋째, 가난한 자의 송사라고 정의를 굽게 하지 말아야 했습니다. 넷째, 거짓 일을 멀리 하여야 했습니다. 다섯째, 무죄한 자와 의로운 자를 죽이지 말라 하였습니다. 하나님께서는 결코 악인을 의롭다 하시지 아니하시는 것입니다. 여섯째, 뇌물을 받지 말아야 합니다. 뇌물은 밝은 자의 눈을 어둡게 하고 의로운 자의 말을 굽게 하는 것입니다. 일곱째, 이방 나그네를 압제하지 말아야 합니다. 이와같이 행치 않는 것은 결국 10계명인 탐욕에 관한 계명을 어기는 죄에 해당하는 것입니다.

묵상

01 간음에 관한 예수님의 가르침은 무엇입니까?(마 5:27-32)

02 계명의 상호 연관성에 관하여 이야기해 봅시다.

03 간음, 거짓증거, 탐욕에 대한 계명을 우리들의 삶에 적용하여 봅시다.

되새김

사람과 사람 사이에 주신 계명은 그 본래적인 의미는 사람 안에만 국한 되는 것이 아니라 영적으로 곧 하나님을 향하여서까지 확장됩니다.

26

하나님을 향한 계명의 적용과
언약의 체결
23장10~24장11절

Key Point

하나님을 향한 계명은 인간사와 밀접한 관계를 가지고 있습니다. 하나님을 경외한다는 것은 하나님과의 관계에만 국한 되는 것이 아니라 인간사 속에서 적용되어지는 것입니다. 이번 과에서는 하나님을 향한 계명의 적용에 관한 법들과 그 절정으로서 하나님과 언약을 체결함을 전합니다.

본문 이해

출애굽기 20장의 십계명은 도덕법으로 법의 근본정신에 관한 말씀이 며 21-23장의 시민법은 도덕법이 어떻게 실생활에 적용되어지는 보여 줍니다. 21-23장은 다시 21장1-23장9절의 사람과의 관계에 관한 십 계명 5-10계명과 관련된 말씀과 23장10-33절의 하나님과의 관계에 관한 1-4계명에 관련된 말씀으로 나누어집니다. 모든 법에 관한 말씀 을 마치며 24장1-11절에서는 하나님과의 언약이 체결됩니다.

1. 제4계명은 어떻게 적용되어지고 있습니까?(10-12절)

안식일 준수에 관한 4계명은 단지 안식일 뿐만 아니라 땅에 관하여 제7년의 휴작년으로 통해 백성의 가난한 자를 먹게 하고 그 남은 것은 짐승까지 먹게 함으로 적용되어집니다. 안식일의 쉼은 단지 사람 뿐만 아니라 소와 나귀와 같은 짐승과 종의 자식과 나그네까지 확장되어집 니다. 곧 안식일은 스스로가 쉴 뿐만 아니라 누군가를 쉬게 하여야 하 는 명령인 것입니다.

2. 제3계명은 어떻게 적용되어집니까?(13-19절)

제3계명인 하나님의 이름을 망령되이 일컫는 죄는 첫째, 다른 신의 이름을 부름으로(13절) 둘째, 정해진 절기에 하나님께 나아가지 않음 으로(14-17절) 셋째, 하나님 앞에 가증한 일을 행함으로 짓는 것입니다(18-19절).

3. 가나안 정복에 대한 규례를 살펴봅시다(20-33절)

1) 제2계명은 어떻게 적용되어집니까?(20-33절)

　제2계명의 우상의 숭배는 이스라엘이 장차 가나안 땅에 들어가서 이방족속들을 쫓지 못하고 그들의 신을 숭배하고 섬기며 본받음으로 말미암습니다.

2) 20절의 '사자'는 누구를 가르키는 것입니까?

　이 사자는 '너희는 삼가 그의 목소리를 청종하고 그를 노엽게 하지 말라 그가 너희의 허물을 용서하지 아니할 것은 내 이름이 그에게 있음이니라'(21절)의 구절로 성육신 전의 그리스도를 가르키며 이러한 말씀의 성취는 여리고에 가까이 이르렀을 대에 여호수아가 만난 여호와의 군대장관으로 성취되어집니다(수 5:13-15).

3) 가나안 족속들을 하나님께서 일년 안에 쫓아내지 않으신 이유는 무엇이십니까?(29-30절)

　그 땅이 황무하게 되어 들짐승이 번성하여 이스라엘 자손들을 해할까 하여 일년 안에는 그들을 이스라엘 자손 앞에서 쫓아내지 아니하고 이스라엘 자손이 번성하여 그 땅을 기업으로 얻을 때까지 하나님께서 그들을 이스라엘 자손 앞에서 조금씩 쫓아내실 것입니다.

4. 하나님께서는 모세에게 무엇을 명하셨습니까?(24장1-2절)

이제 우리는 하나님과 이스라엘 사이에 언약이 공식적으로 체결되어지는 장면을 살펴 볼 수 있습니다. 앞서 십계명과 이에 대한 계명의 준수의 절정으로서 언약 체결에 의해 1계명인 하나님만 섬기는 선민으로서 새롭게 태어나는 것입니다.

하나님께서 모세에게 이르시되 "너는 아론과 나답과 아비후와 이스라엘 장로 칠십 명과 함께 여호와께로 올라와 멀리서 경배하고 너 모세만 여호와께 가까이 나아오고 그들은 가까이 나아오지 말며 백성은 너와 함께 올라오지 말지니라"고 명하셨습니다.

5. 모세의 여호와의 말씀을 전함에 백성들은 어떻게 응답하였습니까?(3절)

모세가 와서 여호와의 모든 말씀과 그 모든 율례를 백성에게 고하매 그들이 한 소리로 응답하여 여호와께서 말씀하신 모든 것을 우리가 준행하리이다라고 응답하였습니다.

6. 하나님과 이스라엘의 언약체결의 준비, 경과, 결과를 살펴봅시다 (4-11절).

준비: 모세가 여호와의 모든 말씀을 기록하고 이른 아침에 일어나 산 아래 단을 쌓고 이스라엘 열 두 지파대로 열 두 기둥을 세우고 이스라엘 자손의 청년들을 보내어 소로 번제와 화목제를 여호와께 드리게 하

고 모세가 피를 취하여 반은 여러 양푼에 담고 반은 단에 뿌렸습니다 (4-6절).

경과: 모세가 언약서를 가져 백성에게 낭독하여 듣게 하니 그들이 말하기를 "여호와의 모든 말씀을 우리가 준행하리이다"고 하였습니다(7절).

결과: 모세가 그 피를 취하여 백성에게 뿌려 이르기를 "이는 여호와께서 이 모든 말씀에 대하여 너희와 세우신 언약의 피니라"고 말하였습니다. 그리고 모세와 아론과 나답과 아비후와 이스라엘 장로 칠십 인이 올라가서 이스라엘 하나님을 보니 그 발 아래에는 청옥을 편 듯하고 하늘같이 청명하였습니다. 하나님이 이스라엘의 존귀한 자들에게 손을 대지 아니하셨고 그들은 하나님을 뵙고 먹고 마셨습니다.

묵상

01   안식일의 정신은 무엇입니까? 참된 안식일의 준수는 무엇입니까?

02   하나님의 이름을 망령되이 일컫는 것은 어떠한 것입니까?

03   우상을 숭배하지 않는다는 것을 무엇을 요구하는 것입니까?

되새김

하나님을 섬기지 못하고 이방의 신과 언약을 맺는 것은 결국 올무가 되어 하나님 앞에 범죄하는 것입니다. 우상 숭배하지 않는다는 것은 우상을 숭배하지 않는다는 수동적인 의미가 아닌 보다 적극적으로 우상을 타파하는 것까지 의미하는 것입니다.

출애굽기

제4부

예배훈련
(27-40장)

27

법궤
24장12~25장22절

Key Point

25장에서 40장까지는 32-34장을 제외하고는 성막과 제사장직에 대한 말씀으로 이루어져 있습니다. 특별히 성막에 관한 것은 출애굽기에서 10장이나 할애함으로 그 중요성을 우리들에게 보여주십니다. 이제 우리는 이 번 장으로부터 시작하여 성막과 제사장직에 대한 자세한 설명들을 배울 수 있을 것입니다. 성령님께서는 성막에 있는 7가지 기구 중에 제일 먼저 법궤와 속죄소에 관한 말씀으로부터 시작하십니다.

본문 이해

언약의 고지와 함께 십계명과 십계명의 정신이 담긴 여러 율례를 허락하신 하나님께서 드디어 이스라엘 백성과 언약을 체결하셨습니다. 이스라엘의 존귀한 자가 하나님을 보고 먹고 마심은 종말적인 모습을 우리들에게 미리 보여주시는 것입니다. 모세는 부르심을 받고 다시 산으로 올라가게 됩니다. 하나님께서는 산 위에 머물렀던 하나님의 영광을 이제는 이스라엘 진 중에 머무실 계획을 하시는 것입니다.

출애굽기의 제1부는 1-12장으로 애굽에서 출애굽까지의 이야기로 하나님의 은혜에 관하여 가르칩니다. 제2부는 13-18장으로 광야 훈련에 관한 말씀입니다. 제3부는 19-24장까지로 시내산 도착과 하나님의 말씀에 관한 말씀입니다. 이는 말씀 훈련입니다. 이제 마지막 제4부는 25-40장까지로 예배 훈련에 관한 말씀입니다.

제4부의 구체적인 내용들은 성소의 7가지 기구와 성막에 관한 말씀과(25-26장, 30-31장), 제사장의 복장과 위임식에 관한 말씀(27-28장), 이스라엘의 금송아지 우상 숭배 사건과(32-34장) 성막 건축과 봉헌에 관한 말씀(35-40장)으로 나누어집니다.

■ 출애굽기 24장12-31장의 구조적 이해

출 24:12-18: 십계명 돌판을 받기 위하여 산에 오름

출 25:1-9: 성막 건축에 드릴 예물

출 25:10-16: 법궤

출 25:17-22: 속죄소

출 25:23-30: 진설병상

출 25:31-40: 등잔대

출 26:1-14: 4개의 성막

출 26:15-30: 널판

출 26:31-37: 휘장

출 27:1-8: 번제단

출 27:9-19: 성막의 뜰

출 27:20-21: 등불 관리

출 28:1-5: 대제사장 의복에 관한 서론

출 28:6-14: 에봇

출 28: 8, 39: 띠

출 28:15-30: 판결 흉패

출 28:31-35: 겉옷

출 28:36-38: 금패

출 28:39: 관

출 28:39: 반포 속옷

출 28:40-43: 아론의 아들들의 제사장 옷

출 29:1-37: 제사장 위임식 규례

출 29:38-46: 상번제

출 30:1-10: 분향단

출 30:11-16: 속전에 관한 규례

출 30:17-21: 물두멍

출 30:22-33: 관유에 관한 규례

출 30:34-38: 향에 관한 규례

출 31:1-11: 성막 제작자

출 31:12-17: 안식일에 관한 규례

출 31:18: 십계명 두 돌판을 주심

1. 모세의 시내산 재등정에 관하여 살펴봅시다(24장12-18절).

하나님께서 모세에게 말씀하시기를 "너는 산에 올라 내게로 와서 거기 있으라 네가 그들을 가르치도록 내가 율법과 계명을 친히 기록한 돌판을 네게 주리라"(12절)고 하셨으며 모세는 그의 부하 여호수아와 함께 하나님의 산에 올랐습니다. 아론과 훌에게 장로들을 맡기고 산에 오르니 구름이 산을 가리며 여호와의 영광이 시내 산 위에 머무르고 구름이 육 일 동안 산을 가리더니 제 칠 일에 여호와께서 구름 가운데서 모세를 부르셨습니다. 산 위의 여호와의 영광이 이스라엘 자손의 눈에 맹렬한 불같이 보였고 모세는 구름 속으로 들어가서 산 위에 올랐으며 사십 일 사십 야를 산에 있었습니다.

2. 하나님께 드리는 예물은 어떠한 마음으로 드려야 합니까?(25장2절)

하나님께서는 모세에게 말씀하시기를 "이스라엘 자손에게 명령하여 내게 예물을 가져오라 하고 기쁜 마음으로 내게 바치는 모든 것을 너희는 받을지니라"(2절)고 하셨습니다. 하나님께서는 단지 예물을 받으실 뿐만 아니라 그 예물을 드리는 자의 마음을 받으시는 것입니다. 비록 과부의 두 렙돈은 작은 돈임에는 틀림이 없지만 여인의 마음은 많은 것을 드리는 자의 마음보다 더 많은 것을 드렸습니다. 왜냐하면 두 렙돈의 여인의 마음은 300 데나리온의 향유 옥합을 깨뜨린 여인의 마음과 같았기 때문입니다(대하 17:16, 고후 9:7).

3. 백성들이 가져올 예물의 종류는 무엇입니까?(3-7절)

예물의 종류는 금과 은과 놋과 청색 자색 홍색 실과 가는 베실과 염소 털과 붉은 물 들인 수양의 가죽과 해달의 가죽과 조각목과 등유와 관유에 드는 향료와 분향할 향을 만들 향품과 호마노며 에봇과 흉패에 물릴 보석입니다.

4. 8절과 9절에서 각각 가르쳐 주는 성소에 대한 교훈은 무엇입니까?(8-9절)

성소는 하나님께서 이스라엘 자손 가운데 거하시는 곳이며 하나님 자신을 위한 것입니다. 성소는 임의대로 짓는 것이 아니라 하나님께서 보이시는 대로 장막의 식양과 그 기구의 식양을 따라 지어야 했습니다. 하나님을 섬기는 것은 하나님을 위한 것을 배워야 하며 우리들의 방법으로 섬기는 것이 아니라 하나님께서 우리들 가운데 보이시는 대로 섬기는 것입니다.

5. 하나님께서는 성막의 기구 중에 제일 먼저 법궤에 관하여 말씀하셨습니다. 법궤에 대하여 자세히 살펴봅시다(10-22절).
1) 궤의 재료와 모양에 대하여 살펴봅시다(10-12절).
　조각목으로 궤를 지어 만들되 길이는 2규빗 반, 너비가 1규빗 반, 높이가 1규빗 반의 크기로 만들고 안팎으로 모두 순금으로 싸고 위쪽 가장자리로 돌아가며 금테를 둘렀으며 금고리 넷을 부어 만들어 그 네 발에 달되 이쪽에 두 고리 저쪽에 두 고리를 달았습니다.

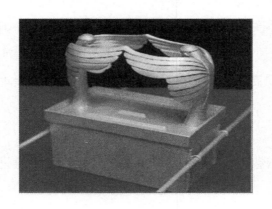

2) 법궤는 어떻게 나누어져 있습니까?
　법궤는 궤와 궤 밑의 채와 궤 위의 속죄소로 이루어져 있습니다. 법궤 위에 금으로만 만들어진 두 천사가 있는 뚜껑을 속죄소라고 하며 그

밑에 조각목을 금으로 싼 통을 궤라고 하는 것입니다. 궤 밑의 채는 궤를 들기 위한 것입니다.

3) 법궤의 채에 관하여 살펴봅시다(13-15절).

조각목으로 채를 만들어 금으로 싸고 그 채를 궤 양편 고리에 꿰어서 궤를 메게 하며 그 채를 궤의 고리에 꿴 대로 두고 빼어내지 않게 하였습니다.

4) 법궤의 속죄소에 관하여 살펴봅시다(17-22절).

속죄소는 순금으로 만들어졌으며 궤의 길이와 너비와 같이 길이가 2 규빗 반, 너비가 1규빗 반이 되게 하고 금으로 그룹(천사) 둘을 속죄소 두 끝에 쳐서 쳐서 만들되 한 그룹은 이 끝에, 한 그룹은 저 끝에 곧 속죄소 두 끝에 속죄소와 한 덩이로 연하게 하되 그룹들은 그 날개를 높이 펴서 그 날개로 속죄소를 덮으며 그 얼굴을 서로 대하여 속죄소를 향하게 하였습니다.

5) 법궤 안에는 무엇을 넣으라고 말씀하셨습니까?(16, 21절)

법궤 안에는 하나님께서 주실 증거판을 넣으라고 말씀하셨습니다. 특별히 증거판을 궤 속에 넣으라는 말씀을 두 번이나 반복하셨습니다. 이후에 법궤 안에는 아론의 싹난 지팡이와 만나 항아리를 추가적으로 넣었습니다(출 16:33-34, 민 17:10).

6) 하나님께서 말씀하시는 곳은 어디입니까?(22절)

하나님께서는 법궤에서 모세와 만나고 속죄소 위 곧 증거궤 위에 있는 두 그룹 사이에서 이스라엘 자손을 위하여 명하실 모든 일을 말씀하실 것이라 하셨습니다.

6. 법궤 안에 있는 세 가지 물건이 주는 의미를 연구하여 봅시다.

감추인 만나
두 돌비
아론의 싹난 지팡이

지성소에 있는 언약궤에는 세 가지 물건이 있습니다. 성막의 높이는 5규빗입니다. 성막의 높이는 약 2.5m로 밖에서는 안을 볼 수 없습니다. 성막 자체가 사실은 창문도 없고 내부를 알 수 없는 궁금한 것입니다. 그런데 이 성막 안에는 또한 성소가 있습니다. 이 성소는 4장의 덮개로 덮혀 있습니다. 성막은 위에서 보면 볼 수 있지만 성소는 위에서 보아도 볼 수 없을 뿐만 아니라 4장의 덮개로 덮혀 있음으로 더욱 깊이 감추인 것입니다. 더 나아가 성소는 성소와 지성소로 나뉘어져 있습니다. 성소는 제사장이 들어가나 지성소는 대제사장만 일년에 한 번 들어가는 더욱 감추인 공간이며 은밀한 것입니다. 그리고 그 지성소에는 하나의 기구가 있는데 그것이 바로 언약궤입니다. 그리고 그 언약궤에 있는 세 가지 물건이 있는 것입니다. 이 얼마나 깊이 감추인 것이며, 또한 심오함이 있는 비밀이 됩니까? 성막을 생각하고 4장의 덮개로 덮힌 성소와 지성소와 언약궤를 생각할 때에 우리는 더욱 더 간절함과 경외감으로 언약궤 안에 있는 3가지 스피릿을 대하는 것입니다.

1) 감추인 만나

언약궤에 있는 첫 번째 것은 '감추인 만나'입니다(출 16:33). 금항아리에 담긴 한 오멜의 만나는 가장 먼저 준비되었습니다. 이스라엘은 40년 동안 광야에서 만나를 먹었습니다. 그런데 그 만나를 하나님께서는 언약궤 안에 있게 하셨습니다.

만나는 대자 관계입니다. 만나는 우리가 어떠한 공급을 받고 사는가에 관하여 알게 하시는 것입니다 만나는 하늘로부터 말미암은 신령한 양식이 됩니다. 우리는 우리의 삶을 살게 하는 많은 양식 속에서 살아갑니다. 우리의 삶에는 많은 공급이 필요합니다. 그러나 우리가 진정으로 필요로 하는 것은 하나님께로 말미암은 신령한 공급이 있어야 하는 것입니다. 사람이 떡으로만 살 것이 아니요 하나님의 입으로부터 나오는 모든 말씀으로 말미암아 살 것이라고 하였습니다.

우리는 무엇보다도 하나님께로 말미암은 공급을 위하여 힘써야 합니다. 하나님께서 주시는 은혜를 맛보고 살아가는 사람이 진정한 리더가 될 수 있습니다. 개인의 경건 생활은 바로 자신만의 지성소를 갖음에 있습니다. 하나님께 홀로 나아가는 시간, 하나님께 개인적으로 공급을 받는 귀한 시간이 필요한 것입니다. 하나님께서는 주시는 만나를 나의 양식으로 삼겠습니다라고 하는 것이 바로 감추인 만나의 교훈이 됩니다.

2) 두 돌비

두 번째 물건은 두 돌비입니다. 법궤라고 불리우고, 언약궤라고 불리는 것은 바로 이 궤 안에 증거판, 두 돌비가 있었기 때문입니다. 이 두 돌비석은 십계명이 기록되어져 있으며, 이는 대신 관계를 가르칩니다. 특별히 두 돌비는 한 편으로 하나님과의 관계이며 다른 한 편은 사람과의 관계입니다. 온전한 믿음은 하나님을 예배하고 사람을 존귀히 여기는 것입니다. 이것이 바로 믿음의 사람의 정신이 됩니다. 하나님 사랑, 사람 사랑입니다. 어떠한 사람들은 하나님을 섬기는데 문제가 있습니다. 바로 자기 식대로 하나님을 섬깁니다. 자신의 방법대로, 자신의 취향대로, 자신의 판단대로 예배합니다. 하나님은 그렇게 섬기는 것이 아닙니다. 하나님을 섬기는 법을 배워야 합니다. 내가 좋다고 하여서 되는 것이 아니라 그 사람에게 맞추어야 합니다. 하나님을 섬기는 것도 자기 식대로 하나님을 섬기면 이는 가인의 예배와 같아서 하나님께서 받으실 수 없는 것입니다. 우리는 하나님을 섬기는 법을 바르게 배워서 하나님을 섬기며, 사람을 존대할 수 있어야 합니다. 이것이 바로 돌비의 교훈입니다.

3) 아론의 싹난 지팡이

세 번째 물건은 아론의 싹난 지팡이입니다. 이는 대인 관계를 가르칩니다. 아론의 싹난 지팡이는 민수기 17장에 가서야 준비되어집니다. 처음부터 아론의 싹난 지팡이가 증거궤 안에 들어간 것이 아닙니다. 증거궤가 준비되기 전에 만나를 담은 항아리가 있었고 다음으로 두 돌비가 준비되었고 이제 마지막으로 두 돌비와 만나가 담긴 금항아리가 있는 언약궤 안에 아론의 싹난 지팡이가 들어가게 됩니다.

아론의 싹난 지팡이에 관한 이야기는 민수기 16장의 이야기입니다. 레위의 증손 고핫의 손자 이스할의 아들 고라와 르우벤 자손 엘리압의 아들 다단과 아비람과 벨렛의 아들 온이, 곧 고라와 다단과 아비람과 온 당을 짓고 이스라엘 총회에서 택함을 받은 자 중에서 250인과 함께 일어나 모세를 거스릅니다. 이에 하나님께서는 그들에게 진노하사 땅이 갈라져 고라에게 속한 모든 사람과 재물이 땅이 그들을 산채로 삼켰으며 불로 250인의 반역자들을 태웠으며 그들을 위한 백성들에게 염병이 났습니다. 그리고 하나님께서는 이 일의 증표로 주신 것이 바로 각 지파별로 지팡이를 하나씩 취하게 하되 레위의 지팡이에는 아론의 이름을 쓰라 하셨고 그 지팡이 중에서 아론의 이름이 적힌 지팡이에서 움이 돋고 순이 나고 꽃이 피어서 살구 열매를 맺게 됩니다. 바로 이러한 아론의 싹난 지팡이를 언약궤 안에 두어 다시는 권위에 도전하여 죽임을 당치 않게 하신 것입니다. 하나님께서 세우신 영적 질서인 나의 목자에게 순종하겠습니다라고 하는 것이 바로 아론의 싹난 지팡이의 교훈입니다.

묵 상

01 우리는 어떠한 마음으로 하나님께 예물을 드리고 있습니까?

02 성막을 짓는 일에서 배울 수 있는 하나님의 일을 하는 방법은 무엇입니까?
    특별히 성막을 짓는 일에서 배울 수 있는 예배의 원칙은 무엇입니까?

03 법궤에서 배울 수 있는 여러 가지 교훈들과 법칙들에 관하여 연구하여 봅
    시다.

되새김

성막은 하나님께서 그의 처소를 두신 하늘의 모형이며 또한 예수 그리스도의 모형으로 보이는 바 예수 그리스도의 모습을 우리들에게 교훈하여 주고 있는 것입니다. 곧 성막은 그리스도의 인격과 그의 사역에 대하여 우리들에게 세밀하게 보여주십니다. 이제 이 성막을 연구한다는 것은 가장 복된 일이 될 것입니다. 특별히 성령님께서는 성막의 여러 기구들 중에 먼저 법궤에 대하여 말씀하셨습니다. 성막 안의 처음으로 보는 번제단의 목적은 바로 법궤이며 믿음의 사람들의 지향점으로 하나님과의 만남의 장소인 법궤로 향하게 하시는 것입니다.

28

진설병상과 등대
25장23~40절

Key Point

성령이 가르쳐주시는 세 번째 기구와 네 번째 기구는 진설병상과 등대입니다. 진설병상의 진설병은 예수 그리스도 자신이며 곧 하나님의 말씀을, 등대는 그리스도의 영을 의미합니다. 하나님과의 만남의 장소, 임재의 장소였던 법궤에서 이제 하나님과의 참된 친교에 대한 가르침으로 예수 그리스도 자신인 말씀을 먹어야 할 것과 그리스도의 영으로 살아야 함을 가르치는 것입니다.

본문 이해

1. 성막의 세 번째 기구인 진설병상에 관하여 살펴봅시다(23-30절).

1) 진설병상의 재료와 모양에 관하여 살펴봅시다(23-25절).

　진설병상은 조각목으로 만들되 길이는 2규빗, 너비는 1규빗, 높이가 1규빗 반으로 만들어 순금으로 싸고 주위에 금 테를 두르고 그 주위에 손바닥 넓이 만한 턱을 만들고 그 턱 주위에 금으로 테를 만들었습니다.

2) 진설병상의 채에 관하여 살펴봅시다(26-28절).

　진설병상을 위하여 금고리 넷을 만들어 그 네 발 위 네 모퉁이에 달되 턱 곁에 달아 채를 꿸 곳으로 삼았습니다. 조각목으로 채를 만들고 금으로 싸서 상을 이것으로 메게 하였습니다.

3) 진설병상 위에는 무엇을 두었습니까?(29-30절)

대접과 숟가락과 병과 붓는 잔을 정금으로 만들어 놓았으며 특별히 상 위에 진설병을 두어 항상 하나님 앞에 있게 하였습니다.

4) 진설병상 위의 진설병은 무엇을 가르키는 것입니까?

떡은 예수 그리스도이시며 또한 그리스도의 말씀을 의미합니다.

2. 성령이 가르쳐 주시는 네 번째 기구인 등대에 관하여 살펴봅시다(31-40절).

1) 등대의 재료와 모양에 관하여 살펴봅시다(31-37절).

등대는 순금으로 부어진 것이 아닌 쳐서 만들었습니다. 그 밑판과 줄기와 잔과 꽃받침과 꽃을 한 덩어리로 연하게 하고 가지 여섯을 등대 곁에서 나오게 하되 그 세 가지는 이쪽으로 나오고 그 세 가지는 저쪽으로 나오게 하며 이쪽 가지에 살구꽃 형상의 잔 셋과 꽃받침과 꽃이 있게 하고 저쪽 가지에도 살구꽃 형상의 잔 셋과 꽃받침과 꽃이 있게 하여 등대에서 나온 여섯 가지를 같게 하였습니다.

등대 줄기에는 살구 꽃 형상의 잔 넷과 꽃 받침과 꽃이 있게 하고 등대에서 나온 여섯 가지를 위하여 꽃받침이 있게 하되 두 가지 아래 한 꽃받침이 있어 줄기와 연하게 하며 또 두 가지 아래 한 꽃 받침이 있어 줄기와 연하게 하며 또 두 가지 아래 한 꽃 받침이 있어 줄기와 연하게 하고 그 꽃받침과 가지를 줄기와 연하게 하여 전부를 순금으로 쳐 만들고 등잔 일곱을 만들어 그 위에 두어 앞을 비추게 하였습니다.

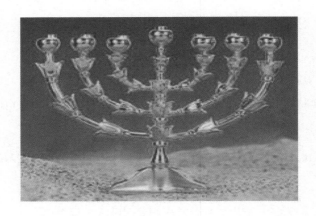

2) 등대, 등잔 외에 또 무엇을 만들었습니까?(38절)

　　불집게와 불똥 그릇을 추가적으로 만들었습니다.

3) 등대와 이 모든 기구는 순금 얼마로 만들었습니까?(39절)

　　등대와 이 모든 기구를 순금 한 달란트로 만들었습니다.

4) 등대는 무엇을 가르키는 것입니까?

　　등대는 곧 그리스도의 영을 가르키는 것입니다.

묵 상

01 진설병상이 가르치는 교훈에 관하여 연구하여 봅시다.

02 등대가 가르치는 교훈에 관하여 연구하여 봅시다.

03 진설병상과 등대의 관계에 관하여 나누어 봅시다.

되새김

믿음의 삶은 곧 하나님과 지속적인 교제의 삶을 의미합니다. 특별히 이러한 하나님과의 교제는 하나님의 말씀을 날마다 먹고 그리스도의 영인 성령의 인도함 속에서 이루어집니다. 또한 진설병상과 등대가 서로 마주보고 있음을 통해서 이두 가지는 결코 한편만으로는 온전하지 않음을 알 수 있게 합니다. 성령이 없는 말씀도, 말씀이 없는 성령도 온전할 수 없는 것입니다.

PART

29

성막 널판 휘장
26장1~37절

Key Point

26장은 성소를 덮는 4개의 성막인 각 성막과 성소의 골격을 이룬 널판과 마지막으로 성소와 지성소를 구분하며 성막 문이 되는 두 휘장에 관하여 전합니다. 각각의 재료와 수와 모양은 특별한 영적인 교훈을 담고 있습니다. 그러므로 먼저는 각 식양들을 자세히 살피는 것이 중요하며 각각의 식양들이 어떠한 교훈을 주고 있는지 연구하여야 할 것입니다.

본문 이해

1. 제 1 성막에 관하여 살펴봅시다(1-6절).

1) 제 1 성막의 재료와 모양에 관하여 살펴 봅시다.

　제 1 성막은 휘장 열 폭을 가늘게 꼰 베실과 청색 자색 홍색실로 그룹을 공교히 수 넣어 만들되 매 폭의 길이 28규빗, 너비 4규빗인 10폭을 먼저 5개 폭씩 연하여 만든 후에 끝 폭 가장자리에 청색 고(갈고리를 끼워 다른 쪽을 연결시키기 위한 둥근 고리)를 각각 50을 만들고 그 고들을 서로 대하게 하고 금 갈고리 50개를 만들어 그 갈고리로 휘장을 연결하여 한 성막을 이루게 하였습니다.

2) 제 1 성막의 네 가지 실의 의미는 무엇입니까?

　청색은 생명이 되신 예수 그리스도(요한복음), 자색은 왕이신 예수 그리스도(마태복음), 홍색은 고난 당하신 예수 그리스도(마가복음), 백색은 사람이신 예수 그리스도를 의미합니다(누가복음).

2. 제 2 성막에 관하여 살펴봅시다(7-13절).

1) 제 2 성막의 재료와 모양에 관하여 살펴봅시다.

　제 1 성막을 덮는 제 2 성막은 염소털로 만들되 열 한 폭을 각각 길이 30규빗 너비 4규빗으로 하여 5섯 폭을 서로 연하며, 또 여섯 폭을 서로 연하게 하였습니다. 두 휘장을 하나로 만드는 것은 제 1 성막을 만들 때와 같은 방법으로 하되 제 2 성막에서는 금 갈고리가 아닌 놋 갈고리로 하였습니다. 제 1 성막보다 한 폭이 더 긴 제 2 성막의 전면의 여섯 폭의 중 맨 앞의 반폭은 접어 올리우고 뒷 면의 5폭 중 맨 뒤의 반폭은 뒤에 내리웠습니다. 또한 양 쪽 길이의 남은 것은 이편에 한 규빗, 저편에 한 규빗씩 성막 좌우 양편에 덮어 늘어뜨렸습니다.

2) 제 2 성막은 어떠한 의미를 갖습니까?

　염소는 속죄물로 쓰여졌던 희생 제물로서 곧 염소털은 이스라엘 백성들의 죄를 위하여 버림받은 그리스도를 의미하는 것입니다. 버림받은 그리스도가 하나님과 인간이 만나는 성소와 지성소를 덮어 보호하고 있고 우리는 그 그리스도 밑에서 고귀하신 하나님을 만날 수 있는 것입니다.

3. 제 3 성막과 제 4 성막에 관하여 살펴 봅시다(14절).
1) 제 3 성막과 제 4 성막 각각의 재료는 무엇입니까?

　제 3 성막은 붉은 물 들인 숫양 가죽으로 만들어졌으며 제 4 성막은 해달의 가죽으로 만들어 윗 덮개로 삼았습니다.

2) 제 3 성막과 제 4 성막 각각의 의미는 무엇입니까?

　제 3 성막의 붉은 물 들인 숫양 가죽은 십자가에서 피 흘리신 그리스도의 모습을 보여주며 제 4 성막의 해달 가죽은 내적으로 고귀하신 하나님의 외모로써 초라하신 분이심을 보입니다.

4. 성막 내부의 널판에 관하여 살펴봅시다(15-30절).

1) 널판의 재료와 모양에 관하여 살펴봅시다.

널판은 조각목으로 만들되 각 판의 길이는 10규빗, 너비는 1규빗 반으로 하고 각 판에 두 촉씩 내어 서로 연결하였습니다. 이 널판은 남편에 20개를 만들고 20개의 널판 아래 은받침 40개를 만들어 널판의 두 촉이 들어갈 두 받침을 만들었습니다. 이와같이 북쪽에도 널판 20개를 동일하게 만들고 성막 뒤 곧 서편에는 널판 6으로 만들되 성막 뒤 두 모퉁이 편을 위하여는 널판을 하나씩 더하여 널판 둘을 만들되 아래에서부터 위까지 각기 두 겹 두께로 하여 윗고리에 이르게 하였습니다. 또한 조각목으로 띠를 만들되 성막 남쪽과 동쪽 서쪽에 각각 다섯으로 하되 널판 가운데 있는 중간 띠는 이 끝에서 저끝에 미치게 하였습니다. 널판들은 금으로 싸여졌고 그 널판들의 띠를 꿸 금고리를 만들고 그 띠를 금으로 쌌습니다.

5. 휘장에 관하여 살펴봅시다(31-37절).

1) 지성소와 성소를 나누는 휘장에 관하여 살펴봅시다(31-33절).

청색 자색 홍색실과 가늘게 꼰 베실로 짜서 휘장을 만들고 그 위에 그룹들을 공교히 수 놓았습니다. 조각목으로 네 기둥을 만들고 금으로 싸서 네 은받침 위에 두었으며 휘장을 금 갈고리로 네 기둥 위에 늘어뜨렸습니다.

2) 증거궤, 속죄소, 상, 등잔대의 위치는 각각 어디입니까?(34-35절)

증거궤는 지성소에 위치하며 속죄소는 증거궤 위에 위치하여 있습니다. 상은 성소의 북쪽이며 등잔대는 성소의 남쪽에 상과 마주 대하여 있습니다.

3) 성막문의 휘장에 관하여 살펴봅시다(36-37절).

청색 자색 홍색실과 가늘게 꼰 베실로 수 놓아 짜서 성막문을 위하여 휘장을 만들고 그 휘장 문을 위하여 기둥 다섯을 조각목으로 만들어 금으로 싸고 갈고리도 금으로 만들어 휘장을 금 갈고리로 다섯 기둥 위에 늘어뜨렸습니다. 특별히 성막문의 다섯 기둥의 다섯 받침은 놋으로 만들었습니다.

묵상

01 성소의 네 성막은 각각 무엇을 의미하는 것입니까?

02 성소에 쓰이는 기구들을 조각목으로 만들고 그것을 금으로 싸는 이유는 무엇입니까?

03 성막에서 놋과 금과 은, 조각목이 각각 의미하는 바는 무엇입니까?

되새김

26장은 성막 기물을 보호하는 역할을 하는 성막 본체의 식양들입니다. 그러나 이것들은 단순히 기물들을 보호하는 역할을 하는 것이 아니라 그 자체로서 그리스도 자신을 모형적으로 보여줍니다. 곧 성소의 성막은 그 자체가 그리스도에 관하여 보여주며 널판의 조각목과 금은 각각 그리스도의 인성과 신성을, 히브리서에서 말씀하신 바 휘장은 곧 예수 그리스도의 육체가 되는 것입니다.

30

번제단과 성막 뜰
27장1~19절

Key Point

27장은 성막의 7 기구 중에 가장 큰 5번째 기구인 번제단과 성막뜰에 대한 내용을 담고 있습니다. 성소의 지성소에서, 성소에서, 이제 바깥 뜰에 있는 번제단과 뜰에 관하여 설명하는 것입니다.

본문 이해

성막에 들어가는 순서로 만나게 되는 첫 번째 기구는 번제단입니다. 인생이 하나님께 나아가기 위해서 첫 번째로 거쳐야 할 성막의 기구는 바로 번제단입니다. 그러나 출애굽기는 그 중요성과 영광에 있어서 법궤로부터 전하였습니다. 성막의 제작 순서는 예수 그리스도께서 인생에게 오신 길을, 성막의 배치는 인생이 하나님께 나아가는 길을 보여줍니다. 성막의 5번째 기구는 번제단입니다. 성경의 5는 은혜의 숫자로서 번제단은 그 치수에 있어서도 5를 반복합니다.

1. 번제단에 관하여 살펴봅시다(1-8절).

1) 번제단의 재료와 모양에 관하여 살펴봅시다(1-8절).

번제단은 조각목으로 길이가 5규빗, 너비 5규빗, 높이가 3규빗의 네모 반듯한 단을 위 아래가 막히지 않게 비게 만들되 네 모퉁이 위에 뿔을 연하여 만들고 단을 놋으로 쌌습니다. 또한 단을 위하여 놋으로 그물을 만들고 네 모퉁이에 놋고리를 만들어 단 절반에 오르게 하였으며 조각목으로 채를 만들되 놋으로 싸서 단 양편 고리에 채를 꿰어 단을 메게 하였습니다.

2) 번제단에 추가적으로 만들어진 것은 무엇입니까?(3절)

재를 담는 통과 부삽과 대야와 고기 갈고리와 불 옮기는 그릇으로 모두 놋으로 만들었습니다.

3) 번제단은 어떠한 의미를 갖습니까?

번제단은 우리들의 죄를 위한 예수 그리스도의 대속의 십자가 사역을
예표합니다. 그러므로 그 곳에는 은혜가 있습니다. 구원은 어떠한 개인
의 자격과 수준을 거부합니다. 구원에는 오로지 주 예수 그리스도의 대
속의 사역에 대한 은혜만이 있을 뿐입니다. 그러므로 누구든지 이 번제
단을 거치지 않고는 한 걸음도 앞으로 나아갈 수 없습니다. 뒤돌아 나
갈 수는 있어도 번제단을 거치지 않고 돌아서는 결코 앞으로 나아갈 수
없는 것입니다. 신앙의 출발은 공평합니다. 모든 사람의 신앙의 출발은
바로 은혜로 말미암은 것입니다. 그 곳에서는 주 예수 그리스도가 죽고
내가 사는 것입니다.

2. 성막의 뜰에 관하여 살펴봅시다(9-19절).

성막의 남과 북편에 각각 기둥 20개를 놋 받침 20개로 하나씩 받치고
은으로 기둥의 갈고리와 가름대를 만들어 각각 너비가 100규빗의 세
마포장을 쳤습니다. 뜰의 서편에는 기둥을 10개를 같은 방식으로 두되
광이 50규빗의 세마포 장을 쳤으며 뜰 동편은 문 좌우로 15규빗씩에
기둥을 3개씩 두었으며 뜰 문을 위하여는 청색 자색 홍색실과 가늘게
꼰 베실로 수놓아 짠 20규빗의 휘장을 4개의 기둥과 함께 두었습니다.
곧 뜰의 길이는 100규빗이며 너비는 50규빗에 높이는 5규빗입니다.

묵상

01 번제단이 주는 교훈에 관하여 연구하여 봅시다.

02 성막 뜰이 주는 교훈에 관하여 연구하여 봅시다.

되새김

번제단은 의심할 것도 없이 예수 그리스도의 십자가를 의미합니다. 성막에 제일 먼저 들어가서 대하는 것이 바로 이 번제단입니다. 하나님께 나아감은 예수 그리스도의 피로 말미암은 구속 없이는 불가능한 것입니다. 성막의 뜰 또한 뜰 자체로서도 예수 그리스도의 인격과 그의 사역까지 엿볼 수 있으며 이러한 뜰로서 믿음의 사람들은 세상 사람들로부터 구분되어지고 하나님께 속한 사람이 되는 것입니다.

31

제사장의 직분과 복장
27장20~28장43절

Key Point

28장은 제사장의 직분과 복장에 관한 말씀입니다. 예수 그리스도의 인격과 사역에 대한 모형과 그림자로서의 성막에 대한 이야기에 이어 또 다른 가르침으로 제사장의 직분과 복장을 전합니다. 또한 하나님께 나아감에 필요한 기구들을 언급하기 전에 먼저 이 기구들을 사용할 사람들을 언급하고 있는 것입니다.

본문 이해

제사장에 관하여 먼저 '등불관리'에 대한 말씀을 하시며, 위임식에 앞서 먼저 '제사장의 옷'에 대한 말씀을 주심은 제사장의 사역과 그 영광에 관하여 가르치는 것입니다.

1. 성소의 불에 사용될 기름에 관한 지시를 살펴봅시다(27장20-21절).
감람으로 짠 순수한 기름을 등불을 위하여 가져와 끊이지 않게 등불을 켜되 아론과 그 아들들로 회막 안 증거궤 앞 휘장 밖에서 저녁부터 아침까지 항상 여호와 앞에 그 등불을 보살피게 하셨습니다.

2. 제사장 직분을 행할 사람들은 누구입니까?(28장1절)
출애굽기에 '아론과 그의 아들들'이 24번 나타나며 이 중에 첫 번째가 27장21절에 나타납니다. 이제 제사장의 직분을 행할 사람들은 아론과 그의 아들들로서 곧 아론과 그의 아들들인, 나답과 아비후와 엘르아살과 이다말입니다.

3. 대제사장 옷에 속하는 7가지는 무엇입니까?(4, 36절)
4절은 대제사장의 옷에 들어갈 6가지를 다음의 순서로 말씀하십니다. 흉패, 에봇, 겉옷, 반포 속옷, 관, 띠. 이어서 36절에서는 6가지 물품에 더하여 "여호와께 성결"이라고 새겨진 "정금으로 만든 패"를 언급합니다.

4. 대제사장의 복장과 그 상징적 의미를 살펴봅시다.

대제사장의 옷은 크게 7가지로 구분할 수 있습니다. 그리고 이러한

7가지 복장은 그 역할과 기능에 있어 예수 그리스도의 인격과 사역을 예표하는 것입니다.

1) 에봇(6-7, 9-14절)

에봇은 금 실과 청색 자색 홍색실과 가늘게 꼰 베실로 공교히 짜서 짓되 그것에 어깨받이 둘을 달아 그 두 끝을 이어지게 하였습니다. 또한 호마노 두 개를 가져다가 그 위에 이스라엘 아들들의 이름을 새기되 그들의 나이대로 여섯 이름을 한 보석에, 나머지 여섯 이름은 다른 보석에 새기되 보석을 새기는 자가 도장에 새김 같이 이스라엘 아들들의 이름을 그 두 보석에 새겨 금 테에 물리고 그 두 보석을 에봇의 두 어깨받이에 붙여 이스라엘 아들들의 기념 보석을 삼되 아론이 여호와 앞에서 그들의 이름을 그 두 어깨에 메워서 기념이 되게 하였습니다. 에봇은 제사장의 제일 겉에 입는 옷으로 예수 그리스도의 영광과 아름다움을 상징합니다.

2) 띠(8, 39절)

에봇 위에 매는 띠는 에봇 짜는 법으로 금실과 청색 자색 홍색실과 가늘게 꼰 베실로 에봇에 정교하게 붙여 짰습니다. 띠는 사역을 위한 준비로서 옷이 내려오거나 흐트러지지 않토록 고정하는 기능을 하며 곧 예수 그리스도의 종으로서의 겸손과 사랑의 실천을 상징하는 것입니다.

3) 흉패(15-30절)

흉패는 흉패 안에 하나님의 뜻을 물을 때 사용하는 우림과 둠밈이 들어 있어서 '판결 흉패'라고도 불려집니다. 흉패는 에봇 짜는 법으로 만들어졌으며 길이와 너비가 한 뼘씩 두 겹으로 네모 반듯하게 하고 그것에 네 줄로 보석을 물리되 금 테에 물리고 다음의 도식과 같이 하였습니다.

홍보석(빨강색)	황옥(금색)	녹주옥(녹색)
석류석(연녹색)	남보석(청색)	홍마노(연황색)
호박(오렌지색)	백마노(여러색)	자수정(자색)
녹보석(연두색)	호마노(검정, 빨강, 흰색)	벽옥(빨강, 노랑, 갈색)

이 12개의 보석에는 도장을 새기는 법으로 이스라엘 12지파의 이름이 새겨져 있었습니다. 이는 이스라엘이 하나님 앞에 보석과 같이 소중함과 그 아름다움의 회복을 상징하며 하나님께서는 이 흉패로서 택한 백성들을 일일이 아시고 또한 사랑으로서 보호하심을 나타내시는 것입니다.

순금으로 노끈처럼 땋은 사슬을 흉패 위에 붙이고 또 금 고리 둘을 만들어 흉패 위 곧 흉패 두 끝에 그 두 고리를 달고 땋은 두 금 사슬로 흉패 두 끝 두 고리에 꿰어 매고 두 땋은 사슬의 다른 두 끝을 에봇 앞 두 어깨받이의 금 테에 매고 또 금 고리 둘을 만들어 흉패 아래 양쪽 가 안쪽 곧 에봇에 닿은 곳에 달고 또 금 고리 둘을 만들어 에봇 앞 두 어깨받이 아래 매는 자리 가까운 쪽 곧 정교하게 짠 띠 위쪽에 달고 청색 끈으로 흉패 고리와 에봇 고리에 꿰어 흉패로 정교하게 짠 에봇 띠 위에 붙여 떨어지지 않게 하였습니다.

아론이 성소에 들어갈 때에는 이스라엘 아들들의 이름을 기록한 이 판결 흉패를 가슴에 붙여 여호와 앞에 영원한 기념을 삼았으며 우림과 둠밈을 판결 흉패 안에 넣어 아론이 여호와 앞에 들어갈 때에 그의 가슴에 붙이게 하였습니다. 아론은 여호와 앞에서 이스라엘 자손의 흉패를 항상 그의 가슴에 붙였습니다.

4) 겉옷(31-35절)

겉옷은 에봇 안쪽에 입는 옷으로서 에봇을 바쳐 줌으로 "에봇 받침 겉옷"이라고 불렸습니다. 겉옷은 전부 청색으로 하되 두 어깨 사이에 머리 들어갈 구멍을 내고 그 주위에 갑옷 깃같이 깃을 짜서 찢어지지 않게 하고 그 옷 가장자리로 돌아가며 청색 자색 홍색 실로 석류를 수놓고 금방울을 간격하여 달되 그 옷 가장자리로 돌아가며 한 금방울, 한 석류, 한 금방울, 한 석류가 있게 하였습니다. 이 겉옷은 하늘의 색깔로 되어진 바 예수 그리스도의 천상적인 성품과 그가 우리를 위하여 일하시는 장소를 가르키는 것입니다. 겉옷 가장자리의 석류는 그의 사역에 의한 열매를 나타내며 그 옷에 있는 방울은 우리의 큰 대제사장 예수 그리스도의 활동은 하늘에 있는 성소에서 그의 간구의 음성이 퍼짐을 상징하는 것입니다.

대제사장은 지성소에 들어가 사역을 하다가 여호와께 부정을 범하면 그 자리에서 죽임을 당하였습니다. 따라서 방울 소리가 들리지 않는다는 것은 대제사장의 죽음을 의미하기도 한 것입니다. 이런 이유 때문에 전승에 의하면 대제사장이 자신의 죽음을 대비하고 지성소에 들어올 수 없었던 제사장들이 자신의 시신을 쉽게 끌어낼 수 있도록 하기 위하여 발목에 줄을 매고 지성소에 들어갔다고 전합니다. 이는 얼마나 대제사장의 직무가 조심스럽고 신중하고 성결한 것인가를 알게 합니다.

5) 금패(36-38절)

순금으로 패를 만들어 도장을 새기는 법으로 그 위에 새기되 "여호와께 성결"이라고 써서 그 패를 청색 끈으로 관 위에 매되 관 전면에 있게 하였습니다. 이 패가 아론의 이마에 있어서 그로 이스라엘 자손의 거룩하게 드리는 성물과 죄책을 담당하게 하였습니다. 그 패가 아론의 이마에 늘 있으므로 그 성물을 여호와께서 받으시게 되었습니다. 이 금패는 하나님께서 대제사장의 성결을 보증하신다는 의미이며 또한 이것은 예수 그리스도가 순결한 자로서 하나님께 받아들여짐을 상징합니다.

6) 관(39절)

관은 가는 베실로 만들었습니다. 이 관은 제사장의 순종으로서 하나님의 권위에 순종하시는 예수 그리스도를 상징합니다.

7) 반포 속옷(39절)

반포 속옷은 가는 베실로 겉옷 안쪽에 입었습니다. 그러나 이 옷은 오늘날의 속옷이 아닌 겉옷을 의미합니다. 이 반포 속옷은 예수 그리스도의 순결한 인성을 상징합니다.

5. 제사장들의 옷에 관하여 살펴봅시다(40-43절)

1) 세마포 속옷

제사장이 입었던 가는 베옷은 그리스도의 점 없이 순전함과 거룩함을 의미합니다. 아론의 아들들이 입었던 옷은 동일하게 아론이, 더 나아가서는 그리스께서 입으신 것으로서 하나님께서는 아론의 아들들이 세마포 속옷을 입게 하심으로 그들이 그리스도의 의를 덧입게 됨을 상징하신 것입니다.

2) 띠

대제사장이 입었던 옷 중에 아론의 아들들이 제사장직을 수행하며 동일하게 입어야 했던 두 번째 옷은 띠입니다. 대제사장의 띠는 금실이 섰였으나 제사장의 띠는 그렇지 못했습니다. 띠가 우리들에게 상징하는 바 성도들은 그리스도께서 그리하셨던 것과 같은 그러한 섬김의 삶을 살아야 합니다. 그리고 이러한 섬김이 곧 힘이고 능력임을 깨달아야 할 것입니다.

3) 관

　제사장의 관은 왕이 쓰는 제관을 의미하는 것이 아닌 하나의 두건과 같은 것이었습니다. 이는 이 관의 의미가 어떠한 다스림에 있는 것이 아니라 반대로 복종의 증표가 되는 것입니다.

4) 속바지

　베로 속바지를 만들어 허리에서부터 두 넓적다리까지 이르게 하여 하체를 가리게 하였습니다. 아론과 그의 아들들이 회막에 들어갈 때에나 제단에 가까이 하여 거룩한 곳에서 섬길 때에 그것들을 입어야 죄를 짊어진 채 죽지 아니하였습니다. 속바지는 육에 속한 모든 것들은 우리들의 제사장으로의 직임에서 제외되어야 함을 말합니다.

묵상

01 등불 관리에 대한 언급이 먼저 나온 이유는 무엇입니까?

02 아론과 그의 아들들은 각각 무엇을 의미하며 본 장에서 이를 통해서 하나
    님께서 우리들에게 보이시고자 하시는 바는 무엇입니까?

03 흉패에 붙인 보석들로부터 얻을 수 있는 교훈들은 무엇입니까?

되새김

이스라엘 자손들에게 불을 켤 기름을 마련하도록 지시하신 이후에 출애굽기에서
는 처음으로 아론과 그의 아들들에 대한 언급을 하고 있습니다. 이들은 곧 예수
그리스도의 제사장 사역과 그의 몸된 교회와의 관계를 보여주며 우리에게 성령
의 은혜를 역사하며 유지케 하는 그리스도로 말미암아 인간은 하나님의 거룩한
성소에게 하나님께서 인생에게 허락하시는 모든 것을 즐길 수 있게 된 것입니다.

PART

32

제사장 위임식 규례와 상번제
29장1~46절

Key Point

출애굽기 29장의 제사장으로 부름받은 아론 가문의 위임절차에 대한 규례에 이어 위임식
은 레위기 8장에서 나타납니다. 곧 모세에게 위임식에 대해서 말씀하신 후에 실제적으로
성막이 봉헌된 후에 아론과 그의 아들들의 제사장 위임식이 거행되었습니다.

본문 이해

1. 제사장 위임식을 위한 제물들은 무엇입니까?(1-3절)

어린 수소 하나와 흠 없는 숫양 둘과 무교병과 고운 밀가루로 만든 기름 섞인 무교 과자와 기름 바른 무교 전병입니다. 그것들을 한 광주리에 담고 그것을 광주리에 담은 채 그 송아지와 두 양과 함께 가져왔습니다.

2. 제사장 위임식을 위한 준비를 살펴봅시다(4-9절).

아론과 그 아들들을 회막 문으로 데려다가 물로 씻기고 의복을 가져다가 아론에게 입히고, 관유를 가져다가 그 머리에 부어 바르는 등의 일련의 과정을 주의깊게 살펴 보아야 하겠습니다. 곧 이는 그리스도인이 되어서 하나님 앞에 나아가는 과정을 면밀하게 보여주시는 것입니다.

3. 제사장 위임식에서 첫 번째 드려졌던 제사는 무엇입니까?(10-14절)

제사장 위임식에서 첫 번째로 드려질 제사는 속죄제였습니다. 왜냐하면 그들도 하나님과 사람 사이에 중보자이기 전에 한 사람의 죄인이었기 때문입니다(레 8:14-17).

곧 수송아지를 회막 앞으로 끌어오고 아론과 그의 아들들은 그 송아지 머리에 안수하며 회막 문 여호와 앞에서 그 송아지를 잡고 그 피를 네 손가락으로 제단 뿔들에 바르고 그 피 전부를 제단 밑에 쏟으며 내

장에 덮인 모든 기름과 간 위에 있는 꺼풀과 두 콩팥과 그 위의 기름을 가져다가 제단 위에 불사르고 그 수소의 고기와 가죽과 똥을 진 밖에서 불살랐습니다.

4. 제사장 위임식의 두 번째 제사는 무엇입니까?(15-18절)

제사장 위임식에서 두 번째로 드려질 제사는 번제였습니다. 번제가 먼저 드려지는 것은 제사장의 직분이 하나님께 향한 것임을 알게 하는 것입니다(레 8:18-21).

곧 숫양 한 마리를 끌어오고 아론과 그의 아들들은 그 숫양의 머리 위에 안수하며 그 숫양을 잡고 그 피를 가져다가 제단 위의 주위에 뿌리고 그 숫양의 각을 뜨고 그 장부와 다리는 씻어 각을 뜬 고기와 그 머리와 함께 두고 그 숫양 전부를 제단 위에 불살랐습니다. 이는 여호와께 드리는 번제요 이는 향기로운 냄새니 여호와께 드리는 화제입니다.

5. 제사장 위임식에서 세 번째 제사는 무엇입니까?(19-28절)

제사장 위임식에서 세 번째로 드려졌던 제사는 화목제였습니다(레 8:22-30).

곧 모세는 다른 숫양을 택하고 아론과 그 아들들은 그 숫양의 머리 위에 안수하며 그 숫양을 잡고 그것의 피를 가져다가 아론의 오른쪽 귓부리와 그의 아들들의 오른쪽 귓부리에 바르고 그 오른손 엄지와 오른발

엄지에 바르고 그 피를 제단 주위에 뿌리고 제단 위의 피와 관유를 가져다가 아론과 그의 옷과 그의 아들들과 그의 아들들의 옷에 뿌리라 하였습니다. 이는 그와 그의 옷과 그의 아들들과 그의 아들들의 옷이 거룩하게 되는 것입니다. 또 모세는 그 숫양의 기름과 기름진 꼬리와 그것의 내장에 덮인 기름과 간 위의 꺼풀과 두 콩팥과 그것들 위의 기름과 오른쪽 넓적다리를 가졌습니다. 이는 위임식의 숫양입니다. 또 여호와 앞에 있는 무교병 광주리에서 떡 한 개와 기름 바른 과자 한 개와 전병 한 개를 가져다가 그 전부를 아론의 손과 그의 아들들의 손에 주고 그것을 흔들어 여호와 앞에 요제를 삼게 하였으며 그것을 그들의 손에서 가져다가 제단 위에서 번제물을 더하여 불살랐습니다. 이는 여호와 앞에 향기로운 냄새 곧 여호와께 드리는 화제입니다. 모세는 아론의 위임식 숫양의 가슴을 가져다가 여호와 앞에 흔들어 요제를 삼았으며 이것은 모세의 분깃이 되었습니다. 그 흔든 요제물 곧 아론과 그의 아들들의 위임식 숫양의 가슴과 넓적다리를 거룩하게 하였습니다. 이는 이스라엘 자손이 아론과 그의 자손에게 돌릴 영원한 분깃이요 거제물로 곧 이스라엘 자손이 화목제의 제물 중에서 취한 거제물로서 여호와께 드리는 거제물이었습니다.

6. 대제사장직의 전수에 대한 가르침은 무엇입니까?(29-30절)

아론의 성의는 아론의 후에 그 아들들에게 돌려지게 되었습니다. 그들이 그것을 입고 기름 부음으로 위임을 받을 것이며 그를 이어 제사장이 되는 아들이 회막에 들어가서 성소에서 섬길 때에는 이레 동안 그것을 입어야 했습니다. 이는 위임식이 일주일간 계속된 것을 가르킵니다.

7. 위임식 제물의 처리에 관하여 살펴봅시다(31-34절).

위임식 숫양은 거룩한 곳에서 삶아지고 아론과 그 아들들이 회막문에서 그 숫양의 고기와 광주리에 있는 떡을 먹어야 했습니다. 속죄물 곧 그들을 위임하며 그들을 거룩하게 하는데 쓰는 것은 그들은 먹되 타인은 먹지 못하게 하였습니다. 위임식 고기나 떡이 아침까지 남았으면 그 것을 불에 사르게 하였습니다(참고 레 8장31-32절). 여기에서 속죄물은 속죄용 제물(10-14절)만을 의미하는 것이 아닌 번제 제물과(15-18절)와 화목제물(19-25절) 모두를 지칭합니다. 번제와 화목제에도 피 뿌림의 의식을 통한 속죄의 효과를 가지고 오기 때문입니다.

8. 7일간의 제사장 위임식에 관하여 살펴봅시다(35-37절).

위임식은 7일 동안 수행되어야 했으며 매일 수송아지 하나로 속죄하기 위하여 속죄제를 드리며 또 제단을 위하여 속죄하여 깨끗케 하고 그것에 기름을 부어 거룩하게 하여야 했습니다.

9. 매일 드릴 상번제를 살펴봅시다(38-46절, 참고: 민 28장1-8절).

매일 드릴 상번제에 대한 규례로서 매일 일 년 된 어린 양 두 마리를 드리되 한 어린 양은 아침에 드리고 한 어린 양은 저녁 때에 드렸습니다. 한 어린 양에 고운 밀 가루 십분의 일 에바와 찧은 기름 사분의 일 힌을 더하고 또 전제로 포도주 사분의 일 힌을 더하였습니다. 한 어린 양은 저녁 때에 드리되 아침에 한 것처럼 소제와 전제를 그것과 함께 드려 향기로운 냄새가 되게 하여 여호와께 화제로 삼았습니다.

하나님께서는 거기서 너희와 만나고 네게 말하리라고 하셨는데 이는 하나님께서 속죄소에서 말씀하시므로 성소의 출입이 금하여진 이스라엘 자손에게는 제사장을 통해서 만날 수 있음을 알게 하시는 것입니다.

묵 상

01 제사장의 위임식 중에 첫 번째로 드려지는 속죄제가 가르치는 바는 무엇입니까?

02 제사장의 위임식 중에 두 번째 드려지는 번제와 세 번째 드려지는 화목제가 가르치는 바는 무엇입니까?

03 성막의 기구들에 대한 이야기에서 제사장의 복장과 특별히 제사장 위임식에 관하여 말씀하시는 이유에 관하여 생각하여 봅시다.

되새김

제사장의 복장과 제사장 위임식에 관한 결코 짧지 않은 구절들은 이 이야기가 출애굽기에서 가지는 중요성을 잘 대변합니다. 성막의 기구들 중에서 하나님께서 이스라엘에게 나아오시는 기구들에서 이제 이스라엘이 하나님께 나아가기 위한 기구들 설명하기 전에 이 기구들을 직접 사용하게 될 제사장에 관하여 이들의 복장, 위임식 등을 나타내는 것입니다.

PART

33

금향단 물두멍 관유 향
30장1~38절

Key Point

이번 과에서는 성막의 6번째 기구인 금향단과 7번째 기구인 물두멍 그리고 추가적으로 속전의 규례와 관유와 향에 대한 규례에 관하여 전하고 있습니다. 각각의 기구의 모양, 제작, 치수 등은 기구에 연관된 메시지를 담고 있는 바 주의깊게 살펴보아야 할 것입니다. 추가적으로 관유와 향은 하나님 앞에 거룩한 것으로서 거룩한 것이 세속화되어지는 것을 강하게 금하고 있습니다.

본문 이해

1. 성막의 여섯 번째 기구인 금향단에 관하여 살펴봅시다(1-10절).

  1) 금향단의 재료와 모양에 관하여 살펴봅시다(1-4절).

  금향단은 조각목으로 만들되 길이 1규빗, 너비 1규빗 네모 반듯하게 하고, 높이가 2규빗으로 하며 그 뿔을 그것과 이어지게 하고 제단 상면과 전후 좌우면과 뿔을 순금으로 싸고 주위에 금테를 두르고 금테 아래 양쪽에 금고리 둘을 만들되 곧 그 양면에 만들어 단을 매는 채를 꿰게 하였습니다.

2) 금향단의 채에 관하여 살펴봅시다(5절)

채를 조각목으로 만들고 금으로 쌌습니다.

3) 금향단의 위치는 어디입니까?(6절)

금향단은 증거궤 위 속죄소 맞은편 곧 증거궤 앞에 있는 휘장 밖에 두었습니다.

4) 금향단의 향은 언제 사르렀습니까?(7-8절)

아론이 아침마다 그 위에 향기로운 향을 사르되 등불을 손질할 때에 사르며 또 저녁때 등불을 켤 때에 사르렀습니다. 이 향은 대대로 여호와 앞에 끊지 못할 것입니다.

5) 금향단에 금하여진 것은 무엇입니까?(9절)

다른 향은 금하여졌으며 번제나 소제를 드림과 전제의 술의 부음이 금지되었습니다.

6) 금향단의 속죄제에 관하여 살펴봅시다(10절).

아론이 일년 한 번씩 이 향단 뿔을 위하여 속죄하되 속죄제의 피로 일년 한 번씩 대대로 속죄하여야 했습니다.

7) 금향단이 주는 교훈에 관하여 연구하여 봅시다.

향단은 예수 그리스도 자신과 그가 하나님께 드린 간구와 예배, 찬양을 의미합니다. 특별히 이 향단은 성도의 기도에 관한 여러 교훈을 줍니다(계 8:3-5). 향단이 하나님의 임재의 장소인 지성소에 가장 가까이에 있음과 같이 기도는 하나님께 가장 가까이 가는 것이며, 하나님의 임재를 경험하게 합니다. 분향단의 네 뿔이 있음과 같이 기도는 권세가 있는 것입니다. 분향단의 향을 끊이지 않아야 함과 같이 쉬지 말고 기도하여야 합니다. 분향단의 불은 번제단에서 피운 불로써 기도는 십자가 구속의 은혜로 근거합니다. 성소의 떡상과 금등대의 교훈과 함께 하여 기도는 성령과 말씀으로 하나가 되어 기도하여야 합니다. 일 년에 한 번씩 뿔을 위한 속죄가 있음과 같이 우리들의 기도는 속죄되고 점검되어야 합니다. 기도는 하나님께서 주신 특권이며 하나님께는 향기로운 예배가 됩니다.

2. 속전의 개념, 의미, 특징에 관하여 살펴봅시다(11-16절, 38장25-28절).

이스라엘 자손의 수효를 따라 조사할 때에 조사 받은 각 사람은 그 생명의 속전을 여호와께 드렸습니다. 이는 그 계수할 때에 그들 중에 질병이 없게 하려 함입니다. 속전은 반세겔, 10게라를 드렸으며 계수 중에 드는 모든 자 곧 20살 이상된 자가 여호와께 드리되 생명을 대속하기 위하여 여호와께 드릴 때에 부자라고 반 세겔에서 더 내지 못하였으며 가난한 자라고 덜 내지 못하였습니다. 속전은 회막의 봉사에 썼으며 이것이 여호와 앞에서 이스라엘 자손의 기념이 되어서 그들의 생명을 살렸습니다.

3. 성막의 일곱 번째 기구인 물두멍에 관하여 살펴봅시다(17-21절).

1) 물두멍의 재료와 모양 위치에 관하여 살펴봅시다(17-18절).

물두멍은 놋으로 만들고 그 받침도 놋으로 만들어 씻게 하였습니다. 물두멍은 회막과 단 사이에 두고 그 속에 물을 담았습니다. 물두멍의 치수는 나타나지 않는데 이는 우리들의 씻음을 위하여 하나님께서 한정되지 아니한 준비를 해두셨음을 의미합니다.

2) 물두멍은 누구를 위한 것입니까?(19-21절)

물두멍은 모든 이스라엘 자손을 위한 것이 아니라 아론과 그 아들들을 위한 것입니다. 곧 아론과 그 아들들이 그 두멍에서 수족을 씻되 그들이 회막에 들어갈 때에 물로 씻어 죽기를 면하였습니다.

3) 물두멍을 통한 교훈은 무엇입니까? 번제단과 비교하며 살펴봅시다.

번제단은 나무와 놋으로 만들어졌지만 물두멍은 놋으로만 만들어졌습니다. 번제단은 사각형이었지만 물두멍은 둥글었습니다. 번제단은 치수에 대해서는 상세히 언급되었지만 물두멍의 치수에 대해서는 전혀 알려진 바가 없습니다. 번제단은 운반할 수 있도록 고리와 채가 있었지만 물두멍은 그런 것이 없었습니다. 번제단은 이스라엘이 한 진영에서 다른 진영으로 이동할 때 덮개를 할 것이 교시가 있었지만 물두멍은 전혀 그러한 언급이 없었습니다. 번제단은 불을 사용했지만 물두멍은 물을 사용하였습니다. 번제단은 모든 사람의 제물을 동일하게 받아들였지만 물두멍은 제사장에만 한하였습니다.

번제단에서 죄를 다루고 또 그것을 제거했습니다. 금향단은 하나님께 예배를 드리는 곳이었습니다. 이 두 가지의 한 복판에 물두멍이 서 있었는데, 그 곳에서는 제사장들이 하나님과 교제하려면 영접받는 일을 위해서 뿐만 아니라 정결함이 필요했는데 이에 대한 실제적 응답으로 그들의 손과 발을 씻게 하셨습니다. 물두멍은 만일 하나님과 교제하기를 원하면 깨끗함이 유지되어야 함을 말하며, 이 깨끗함은 죄를 범하는 일에 대한 것이 아니라 길에서 더러워진 것을 말합니다. 이와같이 믿는 자들이 이 세상의 길을 가는 동안에 더러워진 것에는 그리스도의 피를 새롭게 적용하는 것이 아니라 말씀의 물이 필요한 것입니다.

번제단은 하나님께 나아가는 자에게 필요한 피와 은혜를 예표합니다. 이제 하나님께 더 나아가기 위해서는 물두멍을 지나야 하는데 이는 자기 부인 곧 세례입니다. 번제단에서는 예수님께서 죽으시고 내가 살지만 물두멍을 지날 때에는 내가 죽고 예수님이 살아야 하는 것입니다.

4. 관유에 관하여 살펴봅시다(22-33절).

1) 관유의 제작법에 관하여 살펴봅시다(22-25절).

상등 향품을 가지되 액체 몰약 오백 세겔과 그 반수의 향기로운 육계 이백 오십 세겔과 향기로운 창포 이백 오십 세겔과 계피 오백 세겔을 성소의 세겔로 하고 감람 기름 한 힌을 가지고 그것으로 거룩한 관유를 만들되 향을 제조하는 법대로 향기름을 만들었으며 그것이 거룩한 관유입니다.

2) 관유는 어떠한 곳에 쓰였습니까?(26-30절)

관유로 회막과 증거궤에 바르고 상과 그 모든 기구이며 등잔대와 그 기구이며 분향단과 및 번제단과 그 모든 기구와 물두멍과 그 받침에 발라 그것들을 지극히 거룩한 것으로 구별하였습니다. 이것에 접촉하는 것은 모두 거룩하였습니다. 또한 아론과 그 아들들에게 기름을 발라 그들을 거룩하게 하였습니다.

3) 관유에 있어 금지된 것들은 무엇입니까?(30-33절)

관유는 사람의 몸에 붓는 것이 금지되었습니다. 곧 오직 제사장 직분에 속한 가족만이 기름 부음을 받았습니다. 또한 이 거룩한 관유는 다른 용도로 만드는 것조차 금하여졌는데 이것을 만드는 자와 타인에게

붓는 자는 그 백성에서 끊쳐질 것을 말씀하셨습니다. 우리는 하나님의
은혜의 영은 결코 육신에 속한 자들에게 부어지지 않음과 더불어 거룩
한 것을 남용하고 세속화 하는 것에 대한 경고의 말씀을 듣는 것입니다.

5. 향에 관하여 살펴봅시다(34-38절).
1) 향의 제작에 관하여 살펴봅시다(34-35절).

소합향과 나감향과 풍자향의 향품을 가져다가 그 향품을 유향에 섞되
각기 같은 분량으로 하고 그것으로 향을 만들되 향 만드는 법대로 만들
고 그것에 소금을 쳐서 성결케 하였습니다.

2) 향의 위치는 어디입니까?(36절)

그 향 얼마를 곱게 찧어 증거궤 앞에 두었습니다.

3) 향에 있어 금지된 것들은 무엇입니까?(37-38절)

향은 하나님을 위하여 거룩한 것이니 그 방법대로 사람을 위하여 만
들어서는 안되었습니다. 무릇 맡으려고 이같은 것을 만드는 자는 그 백
성 중에서 끊어질 것입니다.

묵상

01   금향단이 가르치는 교훈에 관하여 연구하여 봅시다.

02   물두멍이 가르치는 교훈에 관하여 연구하여 봅시다.

되새김

번제단은 우리들의 죄에 대한 문제를 다룹니다. 그것은 우리의 근원적인 죄에 대한 문제이며 어떠한 사람들도 예외없이 예수 그리스도의 피가 요구되어지는 것입니다. 그러나 믿음의 삶은 번제단에 머물러서는 안될 것입니다. 아론의 아들들이 예표하는 바 교회는 아론과 그의 아들들이 물두멍에서 수족을 씻었듯이 하나님께 나아감에 있어 씻어 물두멍을 지나 하나님께 더 가까이 나아가야 할 것입니다. 그러나 우리는 아론의 아들들처럼 비단 금향단에 머무는 것이 아니라 예수 그리스도로 말미암아 찢어진 휘장을 지나 속죄소까지 나아가는 것입니다. 추가적으로 우리는 관유와 향에서 배우는 바 거룩한 것을 세속화하는 것을 경계해야 할 것입니다. 오늘날 많은 교회적인 의식들 속에서 이러한 현상을 바라볼 수 있는 분별력이 있어야 할 것입니다.

34

성막 제작자
31장1~18절

Key Point

31장은 성막과 기구의 제작자에 관하여, 안식일 규례에 관하여 그리고 마지막으로 하나님께서 친히 쓰시고 주셨던 십계명 두 돌판에 대한 말씀이 나타납니다. 첫째 말씀은 일하는 자에 관한 지명하심과 자질 부여와 그의 임무에 대한 성경적인 가르침에 관하여 둘째 말씀에서는 안식일의 의미에 관하여 셋째 말씀은 24장18절부터 이어진 단락을 끝을 맺으며 앞으로 이어질 단락과 중요한 연결고리적인 역할을 합니다.

본문 이해

1. 성막 제작자 두 명은 누구입니까?(1-6절)

유다 지파 훌의 손자 우리의 아들 브살렐과 그와 함께 단 지파 아히사막의 아들 오홀리압을 세우셨습니다. 하나님의 일은 그 일 내용에 있어서도 그리고 그것을 행할 사역자에 있어서도 전적으로 하나님께로서 난 일입니다. 특별히 브살렐은 아말렉과의 싸움에서 아론과 함께 모세의 손을 들었던 훌의 손자입니다.

2. 하나님께서는 성막 제작자가 될 사람들을 어떻게 다루셨습니까?(1-6절)

하나님의 영을 그들에게 충만하게 하여 지혜와 총명과 지식과 여러가지 재주로 정교한 일을 연구하여 금과 은과 놋으로 만들게 하며 보석을 깎아 물리며 여러 가지 기술로 나무를 새겨 만들게 하였습니다. 하나님께서는 지혜로운 마음이 있는 자에게 지혜를 주어 그들로 하나님께서 명령한 것을 다 만들게 하셨습니다.

하나님께서 우리들에게 어떠한 일을 맡기신다면 그러한 일을 행할 수 있는 지혜와 능력을 주셨다는 것을 알아야 합니다. 또한 우리의 지식과 지혜와 명철과 총명함은 우리 자신으로부터 나온 것이 아니라 하나님께로부터 부음 바 되었다는 것을 알아야 합니다.

3. 브살렐과 오홀리압이 만들어야 할 물품들은 무엇이었습니까?(7-11절)

그들이 만들 것은 회막과 증거궤와 그 위의 속죄소와 회막의 모든 기구와 상과 그 기구와 순금 등잔대와 그 모든 기구와 분향단과 번제단과 그 모든 기구와 물두멍과 그 받침과 제사직을 행할 때에 입는 정교하게 짠 의복 곧 제사장 아론의 성의와 그의 아들들의 옷과 관유와 성소의 향기로운 향입니다.

4. 회막의 여러 가지 기구들에 대한 명하심과 성막 제작자에 대한 말씀 이후에 안식일에 대한 말씀은 어떠한 메시지를 담고 있습니까?(12-18절)

참된 안식의 의미는 그리스도께서 행하신 사역의 결과로서 얻어지며 우리들은 이러한 안식에 초대받은 사람들입니다. 성막에 대한 언급과 이에 대한 제작자의 언급에 이어 안식일에 대한 규례가 나오는 것을 아무런 의미없이 읽어서는 안될 것입니다. 참으로 하나님을 떠난 자들에게는 참된 안식이 없음을 우리는 잊지 말아야 할 것입니다.

5. 하나님께서 모세에게 주신 첫 번째 증거판 둘을 살펴봅시다(18절).

하나님께서 시내 산 위에서 모세에게 이르시기를 마치신 때에 증거판 둘을 모세에게 주셨는데 이는 돌판이며 또한 하나님께서 친히 쓰신 것이었습니다.

묵 상

01   하나님의 일은 어떠한 사람들이 어떻게 행하는 것입니까?

02   31장에서 배우는 바 안식일의 참된 의미는 어디에 있습니까?

되새김

하나님의 일은 하나님께서 지명하신 사람들에 의해서, 하나님께서 주시는 그 지혜로움으로, 연구하며 이루어집니다. 그것은 철저하게 하나님께 속한 일입니다. 우리는 거룩한 것을 세속적인 방법으로 행해서는 안될 것이며 하나님의 뜻이 어디에 있는지를 분별할 수 있도록 하여야 할 것입니다. 안식일의 규례는 단순한 안식일에 대한 규례에 가르침이 있는 것이 아니라 이전의 말씀과 연관성 속에서 살펴야 할 것입니다. 참된 안식일의 정신은 바로 그리스도의 사역의 완성에 있는 것입니다.

금송아지 우상숭배
32장1~35절

Key Point

성막과 기구에 관한 말씀은 단절되어지고 이에 반한 이스라엘 백성들의 패역함에 관하여 전합니다. 그것은 단순한 과거의 이야기가 아닌 오늘 이 시대를 향한 메시지입니다. 그들의 패역함과 반역과 복음의 왜곡과 방자함은 이 시대에게도 반복되고 있는 것입니다. 이번 과에서 우리는 이스라엘 자손의 패역함과 오늘날 지도자들을 대표하는 아론의 처신에 관하여, 그리고 마지막으로 예수 그리스도의 중보를 예표하는 모세의 모습을 자세히 살펴 볼 수 있어야 할 것입니다.

본문 이해

25-31장까지 성막에 대한 말씀과 제사장의 성의에 대한 말씀을 지시
하시고 십계명 두 돌판을 주셨으나 32-34장은 이스라엘이 우상 숭배
에 빠짐에 관하여 전합니다.

■ 출애굽기 32-34장의 구조적 이해

출 32:1-6: 이스라엘 백성이 금송아지를 만듦

출 32:7-10: 하나님의 진노하심

출 32:11-14: 모세의 첫 번째 중보

출 32:15-20: 모세가 십계명 두 돌판을 깨뜨림

출 32:21-24: 아론의 변명

출 32:25-29: 레위 자손을 통한 우상숭배자들의 심판

출 32:30-35: 모세의 두 번째 중보

출 33:1-6: 하나님께서 동행을 거부하심

출 33:7-11: 임시 회막의 설치

출 33:12-23: 모세의 중보와 하나님의 응답하심

출 34:1-4: 언약 갱신을 위한 모세의 준비

출 34:5-9: 여호와의 이름을 선포하심

출 34:10-28: 언약의 갱신

출 34:29-35: 모세의 얼굴에 광채가 남

1. 산 밑에서 이루어진 일들을 살펴봅시다(1-6절).

1) 백성들은 아론에게 무엇을 요구하였습니까?(1절)

백성들은 모세가 산에서 내려옴이 더딤을 보고 모여 아론에게 말하기를 '일어나라 우리를 위하여 우리를 인도할 신을 만들라 이 모세 곧 우리를 애굽 땅에서 인도하여 낸 사람은 어찌 되었는지 알지 못함이니라'고 하였습니다. 하나님께서는 하나님을 섬길 성막과 기구 곧 하나님을 향한 길을 여심에 관하여 말씀하실 때에 패역한 백성들은 또 다른 신 자체를 만들기를 원하였던 것입니다. 모세에 대한 그들의 생각이 너무나도 배은망덕함은 하나님 자신에 대한 반영이라고 할 수 있을 것입니다.

2) 아론은 백성들에게 무엇을 명하였습니까?(2절)

아론은 백성에게 '너희의 아내와 자녀의 귀에서 금 고리를 빼어 내게로 가져 오라' 하였습니다. 아론은 패역한 백성들의 요구에 잠시의 지체도 하지 않는 모습을 봅니다. 하나님의 사람이 이처럼 패역한 백성과 동참하는 예는 인류의 역사 속에서 반복되어집니다. 하나님을 기쁘시게 하는 대신 사람을 기쁘게 하는 것입니다.

3) 아론의 금송아지는 어떠한 특징이 있습니까?(3-6절)

아론의 금송아지는 전적으로 이방적이지 않습니다. 왜냐하면 그 금송아지는 그들을 애굽 땅에서 인도하여 낸 신이라 하였기 때문이며 또한 여호와의 절일을 선포하고 일찍이 일어나 번제며 화목제를 드렸기 때문입니다. 그러나 그것은 복음 안에서 보면 이방적인 것보다 더 이방적입니다. 왜냐하면 복음적인 것을 더욱 왜곡하였기 때문입니다. 저들이 드리는 번제와 화목제는 결국 육신의 즐거움을 위한 것입니다. 아침 일찍 드려진 제사는 정결함과 거룩함을 위한 것이 아니라 온 날을 타락의 시간으로 채우기 위함입니다.

2. 산 위에서 이루어진 일들을 살펴봅시다(7-14절).

1) 산 밑에서 이루어진 일들에 관하여 하나님께서 모세에게 말씀하신 것은 무엇입니까?(7-8절)

하나님께서 모세에게 말씀하시기를 "너는 내려가라 네가 애굽 땅에서 인도하여 낸 네 백성이 부패하였도다 그들이 내가 그들에게 명령한 길을 속히 떠나 자기를 위하여 송아지를 부어 만들고 그것을 예배하며 그것에게 제물을 드리며 말하기를 이스라엘아 이는 너희를 애굽 땅에서 인도하여 낸 너희 신이라 하였도다"라고 말씀하셨습니다.

2) 하나님께서 백성들에게, 그리고 모세에게 행하실 일들은 무엇이었습니까?(9-10절)

하나님께서는 백성들에 관하여 그들은 목이 뻣뻣한 백성으로 그들에게 진노하여 그들을 진멸하시고자 하셨으며, 모세에 대하여서는 그로 큰 나라가 되게 하시고자 하셨습니다.

3) 모세의 중보의 내용에 관하여 살펴봅시다(11-14절).

모세는 다음과 같이 하나님께 간구하며 백성들을 위하여 중보하였습니다.

"여호와여 어찌하여 그 큰 권능과 강한 손으로 애굽 땅에서 인도하여 내신 주의 백성에게 진노하시나이까 어찌하여 애굽 사람들이 이르기를 여호와가 자기의 백성을 산에서 죽이고 지면에서 진멸하려는 악한 의도로 인도해 내었다고 말하게 하시려 하나이까 주의 맹렬한 노를 그치시고 뜻을 돌이키사 주의 백성에게 이 화를 내리지 마옵소서 주의 종 아브라함과 이삭과 이스라엘을 기억하소서 주께서 그들을 위하여 주를 가리켜 맹세하여 이르시기를 내가 너희의 자손을 하늘의 별처럼 많게 하고 내가 허락한 이 온 땅을 너희의 자손에게 주어 영원한 기업이 되게 하리라 하셨나이다"(11-13절)

이에 여호와께서 뜻을 돌이키사 말씀하신 화를 그 백성에게 내리지 아니하셨습니다.

3. 산 밑으로 내려온 모세가 본 것과 행한 것은 무엇입니까?(15-20절)

모세는 진 가까이 이르러 송아지와 그 춤 추는 것을 보고 크게 노하여 손에서 하나님께서 만드시고 쓰신 판들을 산 아래로 던져 깨뜨렸으며 그들의 만든 송아지를 가져 불살라 부수어 가루를 만들어 물에 뿌려 이스라엘 자손에게 마시게 하였습니다.

4. 아론의 변명과 아론의 죄악에 관하여 살펴봅시다(21-25절).

아론은 자신의 죄악에 관하여 회개하는 대신에 백성들의 악함을 말하였습니다. 또한 자신이 했던 행위에 관해서도 금을 불에 던졌더니 송아지가 나왔다고 하며 자신의 죄악을 회피하고 있습니다. 그러나 말씀은 다음과 같이 그의 죄악에 관하여 말씀하시고 있습니다. '모세가 본즉 백성이 방자하니 이는 아론이 그들을 방자하게 하여 원수에게 조롱거리가 되게 하였음이라'(25절)

5. 우상숭배자들에 대한 모세의 진멸에 관하여 살펴봅시다(26-29절).

모세는 그 날에 여호와의 편에 있는 자 곧 레위 자손으로 통해 그 형제를, 그 친구를, 그 이웃을 죽이게 하여 백성 중 3천 명 가량을 죽였습니다.

6. 이튿날 모세의 두 번째 중보와 하나님의 말씀을 살펴봅시다(30-34절).

이튿날 모세는 하나님께 나아가 다음과 같이 중보하였습니다. "슬프도소이다 이 백성이 자기들을 위하여 금 신을 만들었사오니 큰 죄를 범하였나이다 그러나 이제 그들의 죄를 사하시옵소서 그렇지 아니하시오면 원하건대 주께서 기록하신 책에서 내 이름을 지워 버려 주옵소서" 이에 하나님께서는 다음과 같이 말씀하셨습니다. "누구든지 내게 범죄하면 내가 내 책에서 그를 지워 버리리라 이제 가서 내가 네게 말한 곳으로 백성을 인도하라 내 사자가 네 앞서 가리라 그러나 내가 보응할 날에는 그들의 죄를 보응하리라"

묵 상

01 이 시대의 복음에 대한, 예배에 대한 왜곡함은 무엇입니까?.

02 지도자의 중요성에 관하여 나누어봅시다.

03 중보자 모세와 예수 그리스도에 관하여 비교하여 봅시다.

되새김

오늘날 교회 안에서 행하여지는 여러 가지 모습들을 성경적인 가르침으로 조명해 보아야 합니다. 이스라엘 백성들이 육신의 즐거움을 누리기 전에 여호와의 날을 선포하였다는 것은 충격적인 일입니다. 하나님의 뜻을 구하기 보다는 즐거움을 좇아 행하는 이 세대에게 복음의 지도자는 참된 가르침을 전할 수 있어야 할 것입니다.

모세의 중보
33장1~23절

Key Point

자신의 이름이 생명책에서 지움 받는 것까지 내건 모세의 중보로 말미암아 이스라엘 자손들의 가나안 입성에 대한 약속, 장식구의 떼어냄, 하나님과의 동행, 하나님의 영광의 체험이라는 더 깊고 놀라운 일이 이스라엘 자손 가운데 펼쳐졌습니다. 하나님의 오묘한 섭리는 죄된 역사에도 불구하고 하나님의 은혜의 경륜이 더 크심을 보이시는 것입니다.

본문 이해

1. 하나님의 진군명령에 관하여 살펴봅시다(1-6절).

1) 하나님의 첫 번째 명령은 무엇입니까?(1절)

　하나님께서 모세에게 이르시기를 "너는 네가 애굽 땅에서 인도하여 낸 백성과 함께 여기를 떠나서 내가 아브라함과 이삭과 야곱에게 맹세하여 네 자손에게 주기로 한 그 땅으로 올라가라"(1절)고 하셨습니다.

2) 하나님께서 이스라엘 자손들을 위하여 행하실 일은 무엇입니까?(2-3절)

　하나님께서는 말씀하시기를 "내가 사자를 너보다 앞서 보내어 가나안 사람과 아모리 사람과 헷 사람과 브리스 사람과 히위 사람과 여부스 사람을 쫓아내고 너희를 젖과 꿀이 흐르는 땅에 이르게 할 것이라"(2-3절) 하셨습니다.

3) 하나님께서 이스라엘 자손과 함께 올라가지 아니하시겠다는 이유는 무엇입니까?(3절)

　하나님께서는 말씀하시기를 "나는 너희와 함께 올라가지 아니하리니 너희는 목이 곧은 백성인즉 내가 길에서 너희를 진멸할까 염려함이니라"(3절) 하셨습니다.

4) 하나님께서 함께 올라가지 아니하시겠다하심에 이스라엘 자손은 어떻게 행하였습니까?(4절)

백성들은 이 준엄한 말씀을 듣고 슬퍼하여 한 사람도 자기의 몸을 단장하지 않았습니다.

5) 하나님의 두 번째 명령은 무엇입니까?(5-6절)

하나님께서는 (이스라엘 백성들이 장신구를 떼어 낼 것을 명령하셨고 이에 이스라엘 자손은 호렙 산에서부터 그들의 장신구를 떼어 내었습니다.

2. 모세의 회막에 관하여 살펴봅시다(7-11절).

1) 회막에 관하여 살펴봅시다(7절).

모세가 항상 장막을 취하여 진 밖에 쳐서 진과 멀리 떠나게 하고 회막이라 이름하였습니다. 여호와를 앙모하는 자는 다 진 바깥 회막으로 나아갔습니다.

2) 모세가 회막에 나아갈 때에 백성들이 본 것은 무엇입니까?(8-10절)

모세가 회막으로 나아갈 때에 백성이 다 일어나 자기 장막 문에 서서 모세가 회막에 들어가기까지 바라보며 모세가 회막에 들어갈 때에 구름 기둥이 내려 회막 문에 서며 여호와께서 모세와 말씀하시니 모든 백성이 회막 문에 구름 기둥이 섰음을 보고 다 일어나 각기 장막 문에 서서 예배하였습니다.

3) 모세와 하나님의 대면에 관하여 살펴봅시다(11절).

사람이 자기의 친구와 이야기함 같이 여호와께서는 모세와 대면하여 말씀하셨습니다.

4) 청년 여호수아의 행실을 살펴봅시다(11절).

모세는 진으로 돌아오나 눈의 아들 젊은 수종자 여호수아는 회막을 떠나지 아니하였습니다. 하나님께서는 이처럼 준비된 영혼에 관하여 주목하시는 것입니다. 하나님께서는 언제나 우리의 작은 행위까지도 감찰하신다는 것을 언제나 잊어서는 안될 것입니다.

3. 모세의 중보에 관하여 살펴봅시다(12-23절).

1) 모세의 첫 번째 간구는 무엇입니까?(12-13절)

모세는 다음과 같이 하나님께 간구하였습니다. "보시옵소서 주께서 내게 이 백성을 인도하여 올라가라 하시면서 나와 함께 보낼 자를 내게 지시하지 아니하시나이다 주께서 전에 말씀하시기를 나는 이름으로도 너를 알고 너도 내 앞에 은총을 입었다 하셨사온즉 내가 참으로 주의 목전에 은총을 입었사오면 원하건대 주의 길을 내게 보이사 내게 주를 알리시고 나로 주의 목전에 은총을 입게 하시며 이 족속을 주의 백성으로 여기소서"(12-13절)

모세의 첫 번째 간구문은 5부분으로 나눌 수 있습니다. 첫째, 모세와 함께 보낼 자에 관한 것으로 단순히 주의 사자를 내게 알리소서라는 기도문을 넘어 하나님께서 친히 우리와 함께 올라가기를 소망하는 것입니다. 둘째, 주의 은총에 대해 다시 한번 확인을 함으로 그 은총의 지속됨을 또는 그 은총을 근거로 하나님께서 행하시기를 바라는 것입니다. 셋째, 주의 길을 내게 보이시옵소서라는 기도문으로 하나님의 계획을 보이시기를 간구합니다. 넷째, 주를 알게 해 달라는 기도문으로 여호와 하나님과의 더욱 인격적인 친밀감을 구하며 마지막 다섯 번째로 이 족속을 주의 백성으로 여기소서라고 기도함으로 하나님의 자비와 긍휼함을 구하고 있습니다.

2) 모세의 첫 번째 간구에 하나님의 응답은 무엇입니까?(14절)

하나님께서는 모세에게 "내가 친히 가리라 내가 너를 쉬게 하리라"고 말씀하셨습니다. 하나님께서 함께 동행하신다는 말씀 속에는 모든 모세의 기도가 응답받음을 포함하는 것입니다.

3) 모세의 두 번째 간구는 무엇입니까?(15-16절)

모세는 하나님께 다음과 같이 간구하였습니다. "주께서 친히 가지 아니하시려거든 우리를 이 곳에서 올려 보내지 마옵소서 나와 주의 백성이 주의 목전에 은총 입은 줄을 무엇으로 알리이까 주께서 우리와 함께 행하심으로 나와 주의 백성을 천하 만민 중에 구별하심이 아니니이까"(15-16절) 모세는 두 번째 간구문에서 자신과 그의 백성을 동일한 하나로서 간구하고 있습니다. 그리고 이 백성에 대한 하나님의 선택하심에 대한 하나님의 책임과 긍휼하심에 관하여 간구하고 있는 것입니다.

4) 모세의 두 번째 간구에 하나님의 응답은 무엇입니까?(17절)

하나님께서 모세에게 말씀하시기를 "네가 말하는 이 일도 내가 하리니 너는 내 목전에 은총을 입었고 내가 이름으로도 너를 앎이니라"고 하셨습니다. 결국 모세는 자신의 하나님만이 아닌 자기 백성의 하나님을 간구하였습니다. 자신만이 하나님의 사랑을 누리는 것이 아니라 하나님께서 이스라엘을 사랑하시기를 원하였던 것입니다.

5) 모세의 세 번째 간구는 무엇입니까?(18절)

모세는 하나님께 주의 영광을 내게 보이소서라고 간구하였습니다.

6) 모세의 세 번째 간구에 하나님의 응답은 무엇입니까?(19-23절)

하나님께서 말씀하시기를 "내가 내 모든 선한 것을 네 앞으로 지나가게 하고 여호와의 이름을 네 앞에 선포하리라 나는 은혜 베풀 자에게 은혜를 베풀고 긍휼히 여길 자에게 긍휼을 베푸느니라" 또 말씀하시기를 "네가 내 얼굴을 보지 못하리니 나를 보고 살 자가 없음이니라" 또 말씀하시기를 "보라 내 곁에 한 장소가 있으니 너는 그 반석 위에 서라 내 영광이 지나갈 때에 내가 너를 반석 틈에 두고 내가 지나도록 내 손으로 너를 덮었다가 손을 거두리니 네가 내 등을 볼 것이요 얼굴은 보지 못하리라"고 하셨습니다.

묵 상

01 하나님께서 우리로부터 멀리 하시는 이유는 무엇입니까?

02 지도자의 모습에 관하여 나누어 봅시다.

03 모세의 중보에 관하여 자세히 살펴봅시다.

되새김

이스라엘 자손은 한 사람 모세의 중보로 말미암아 극적으로 다시 하나님과의 동행하심의 은혜를 누리게 됩니다. 이제 모세로 알 수 있는 예수 그리스도의 중보는 모든 인류로 하여금 영원한 심판에서 건질 뿐만 아니라 만백성이 하나님과 동행할 수 있도록 하셨습니다. 또한 예수 그리스도는 그 자신의 피로 말미암아 중보함으로 모세를 능가하는 것입니다. 모세와 그리스도와의 비교는 히브리서를 참고 바랍니다.

37

언약의 갱신
34장1~35절

Key Point

깨어진 언약이 하나님의 선포하심과 함께 갱신됩니다. 다시 세워진 언약은 하나님께서 이스라엘 가운데 행하실 것과 이스라엘이 하나님 앞에 행할 일들로 나누어져 있습니다. 이 언약은 낯선 새 언약이 아니라 갱신되고 회복된 언약입니다.

본문 이해

1. 언약의 갱신을 위한 모세의 준비는 무엇입니까?(1-4절)

하나님께서 모세에게 말씀하시기를

"너는 돌판 둘을 처음 것과 같이 다듬어 만들라 네가 깨뜨린 처음 판에 있던 말을 내가 그 판에 쓰리니 아침까지 준비하고 아침에 시내 산에 올라와 산 꼭대기에서 내게 보이되 아무도 너와 함께 오르지 말며 온 산에 아무도 나타나지 못하게 하고 양과 소도 산 앞에서 먹지 못하게 하라"(1-3절)

고 하셨고 이에 모세는 돌판 둘을 처음 것과 같이 깎아 만들고 아침에 일찍이 일어나 그 두 돌판을 손에 들고 여호와의 명령대로 시내 산에 올랐습니다.

2. 여호와의 이름을 선포하심을 살펴봅시다(5-7절). 하나님은 어떠한 하나님이십니까?

여호와께서 구름 가운데 강림하사 그와 함께 거기 서서 여호와의 이름을 선포하셨습니다. 여호와께서 그의 앞으로 지나시며 선포하시되 여호와라 여호와라 자비롭고 은혜롭고 노하기를 더디하고 인자와 진실이 많은 하나님이라 인자를 천 대까지 베풀며 악과 과실과 죄를 용서

하리라 그러나 벌을 면제하지는 아니하고 아버지의 악행을 자손 삼사 대까지 보응하리라고 하셨습니다. 하나님에 관하여 다음의 순서에 따라 살펴봅시다.

① 자비로운 하나님

② 은혜로운 하나님

③ 노하기를 더디하는 하나님

④ 인자와 진실이 많은 하나님

⑤ 인자를 천 대까지 베푸시는 하나님

⑥ 악과 과실과 죄를 용서하시는 하나님

⑦ 벌을 면제하지는 아니하시는 하나님

⑧ 아버지의 악행을 자손 삼사 대까지 보응하시는 하나님

3. 모세의 중보에 관하여 살펴봅시다(8-9절).

모세가 급히 땅에 엎드리어 경배하며 "주여 내가 주께 은총을 입었거

든 원하건대 주는 우리와 동행하옵소서 이는 목이 뻣뻣한 백성이니이다 우리의 악과 죄를 사하시고 우리를 주의 기업으로 삼으소서"(9절)라고 간구하였습니다.

4. 하나님의 언약이 갱신됨을 살펴봅시다(10-28절).

1) 하나님께서 이스라엘 가운데 행하실 두 가지 일은 무엇입니까?(10-11절)

하나님께서 언약을 세우사 행하실 두 가지 일은 첫째, 하나님께서 아직 온 땅 아무 국민에게도 행하지 아니한 이적을 이스라엘 전체 백성 앞에서 행하실 것과 둘째, 이스라엘 앞에서 아모리 사람과 가나안 사람과 헷 사람과 브리스 사람과 히위 사람과 여부스 사람을 쫓아내실 일입니다.

2) 이스라엘이 행할 두 가지 일은 무엇입니까?(11-17절)

하나님의 언약은 전적으로 하나님만의 언약이 아닙니다. 이제 하나님의 언약하심에 대한 이스라엘 자손의 응답이 있어야 합니다.

첫째, 하나님께서 명하시는 것을 삼가 지키는 것입니다. 가나안에 있는 사람들을 쫓아내실 것이라는 말씀 이전에 먼저 하나님의 명령하시는 것을 삼가 지킬 것을 말씀하시고 있습니다. 우리는 무엇보다도 하나님께서 오늘날 우리들에게 명령하시는 말씀에 귀 기울어야 합니다.

둘째, 땅의 주민과 언약을 세우지 않는 것입니다. 땅의 주민과 언약을 세우는 것은 여러 가지로 표현될 수 있습니다. 그것은 다른 신에게 절하는 것이며 그들의 딸들을 이스라엘의 아들들의 아내로 삼는 것이며 신상들을 부어 만드는 것입니다. 곧 땅의 주민과의 언약은 신앙의 올무가 될 것입니다. 믿음의 사람은 도리어 그들의 단을 헐고 그들의 주상을 깨뜨리고 그들의 아세라 상을 찍는 것입니다. 다른 신에게 절하는 것은 질투하는 하나님의 노를 격발케 하는 것입니다.

3) 이스라엘이 지켜야할 절기에 관하여 살펴봅시다(18-26절).

이스라엘의 절기에 관하여서는 다음을 참고 바랍니다.

① 유월절-무교절에 관하여: 출 12장, 출 23장15절, 레 23장4-8절, 민 28장16-25절, 신 16장1-8절

② 맥추절-칠칠절-오순절에 관하여: 출 23장16절, 출 34장22절, 레 23:15-21, 민 28장26-31절, 신 16장9-12절

③ 초막절-수장절-장막절에 관하여: 출 23:16, 레 23장33-36절 민 29장12-39절, 신 16장13-17절

이스라엘 3대 절기에 대한 내용적인 설명보다 여기에서는 하나님의 언약의 갱신으로서 이스라엘 절기에 대하여 언급되고 있음을 살필 수 있습니다. 이에 추가적으로 초태생에 관하여, 나귀의 첫새끼의 어린 양 대속에 관하여, 안식일 준수에 관하여, 누룩이 들어간 유교병의 희생의 피와 함께 드림의 금지에 관하여, 유월절 희생의 아침까지 남겨둠의 금

지에 관하여, 토지 소산의 처음 익은 것을 하나님께 드림에 관하여, 염소 새끼를 그 어미의 젖으로 삶지 말아야 할 것에 관한 것들을 이와 같은 범주에서 살펴야 할 것입니다.

4) 모세의 기록함과 하나님께서 기록하심에 관하여 살펴봅시다(27-28절).

하나님께서는 모세에게 너는 이 말들을 기록하라 하셨습니다. 하나님께서는 이 말들의 뜻대로 모세와 이스라엘과 언약을 세우셨습니다. 모세는 하나님과 함께 사십 일 사십 야를 거기 있으면서 떡도 먹지 아니하였고 물도 마시지 아니하였으며 하나님께서는 언약의 말씀 곧 십계명을 그 판들에 기록하셨습니다.

5. 여호와의 영광을 접한 모세의 얼굴에 관하여 살펴봅시다(29-35절).

모세는 증거의 두 판을 자기 손에 들고 시내 산에서 내려올 때에 모세는 자기가 여호와와 말하였음을 인하여 얼굴 피부에 광채가 나나 깨닫지 못하였습니다. 아론과 온 이스라엘 자손은 모세에게 가까이 하기를 두려워하더니 모세가 그들을 부르니 아론과 회중의 모든 어른이 모세에게 오고 모세가 그들에게 말하니 그 후에야 온 이스라엘 자손이 가까이 왔습니다. 이에 모세가 하나님께서 시내 산에서 자기에게 이르신 말씀들을 다 그들에게 명령하였습니다. 그리고 모세는 그들에게 말하기를 마치고 수건으로 자기 얼굴을 가렸습니다.

묵상

01 하나님은 어떠한 하나님이십니까?

02 하나님께서 나에게 행하실 것과 내가 행할 것을 나누어 생각해 봅시다.

03 오늘날 이방인과 언약을 세우는 것은 어떻게 이루어집니까?

되새김

하나님의 말씀은 언제나 동일한 것입니다. 갱신된 언약은 옛 언약의 회복입니다. 우리는 하나님께 어떠한 새로운 말씀을 구하는 것이 아니라 옛적의 말씀, 이미 우리들에게 주시고 선포하신 말씀들을 오늘에 이르러 회복되기를 소망하여야 할 것입니다. 하나님의 언약의 준수는 하나님 말씀 속에서 그리고 세상과의 관계 속에서 어떠해야 함을 잘 살펴보아야 합니다.

38

성막 건축
35장1~40장38절

Key Point

35-39장에 언급된 거의 모든 것은 25-31장의 반복입니다. 전자는 성막에 대한 지시적인 내용이며 후자는 하나님의 지시에 대한 성취의 내용입니다. 따라서 성막 건축의 말씀은 "여호와께서 모세에게 명령하신 대로 되니라"는 말씀으로 일관되고 있습니다. 마지막 40장은 성막의 봉헌식과 여호와의 영광의 임재로 출애굽기의 모든 내용이 마치고 있습니다.

본문 이해

출애굽기는 구조적으로 4부분으로 나눌 수 있습니다. 출애굽기의 1부는 1-12장으로, 장소적으로 애굽이며 이는 하나님의 구원과 그 절정은 출애굽기 12장의 유월절로 이루어집니다. 다음으로 출애굽기 2부는 13-18장의 말씀으로, 장소적으로는 광야이며 이는 구원받은 성도들의 광야 훈련에 관하여 전합니다. 출애굽기 3부는 19-24장으로, 장소적으로는 시내산이며 십계명을 중심으로 하나님 말씀의 스피릿을 전수하십니다. 출애굽기 4부는 25-40장으로, 하나님께서는 이스라엘과 함께 하시는 성막 건축에 대한 말씀으로 이루어집니다. 출애굽기 4부에 해당하는 25-40장은 다시 성막 제도와 제사장 의복에 대한 말씀으로 25-31장과 이스라엘의 우상숭배와 언약의 갱신의 32-34장 그리고 마지막 성막 건축과 봉헌의 35-40장으로 나뉩니다. 이에 이번 과는 출애굽기 마지막 부분에 해당하는 35-40장의 내용으로 앞선 성막 건축에 대한 명령하심을 따라 성막의 건축과 봉헌에 관하여 전합니다.

■ 출애굽기 35-40장의 구조적 이해
  출 35:1-3 안식일 규례
  출 35:4-9 성막 건축의 예물
  출 35:10-19 성막 건축의 기구들
  출 35:20-29 백성들의 자원된 예물

출 35:30-36:1 성막 건축의 주역들

출 36:1-7 재료의 넉넉함

출 36:8-19 성소의 4개의 성막의 제작

출 36:20-34 널판과 널판 띠의 제작

출 36:35-38 휘장과 기둥의 제작

출 37:1-5 법궤 제작

출 37:6-9 속죄소 제작

출 37:10-16 진설병상 제작

출 37:17-24 등대 제작

출 37:25-28 분향단 제작

출 37:29 관유와 향 제작

출 38:1-7 번제단 제작

출 38:8 물두멍 제작

출 38:9-20 성막 뜰 축조

출 38:21-23 성막 건축의 직능자들

출 38:24-31 성소 건축 비용의 합계

출 39:1 제사장의 성의 제작 명령

출 39:2-7 에봇 제작

출 39:8-21 흉패 제작

출 39:22-26 겉옷 제작

출 39:27-31 기타 제사장의 의복들 제작

출 39:32-43 완성된 성막 기구들과 제사장 성의

출 40:1-11 성막 봉헌식을 위한 준비

출 40:12-16 제사장을 위한 성결식

출 40:17-33 성막 봉헌

출 40:34-38 여호와의 영광이 성막에 임함

1. 성막 건축에 앞서 선포된 말씀은 무엇입니까?(35장2-3절)

성막의 실제적인 건축에 앞서 안식일의 준수가 선포됩니다. 하나님의
일을 함에 있어서 그 일은 철저하게 하나님의 뜻대로 하여야 합니다. 성
막 건축에 앞서 안식일에 대한 말씀은 성막이 결국 참된 안식일의 구현
이라는 뜻을 내포합니다. 안식일에 모든 처소에서 불도 피우지 말라는
것은 이 안식일은 사람에 의한 것이 아닌 전적으로 하나님에 의한 날임
을 우리들에게 밝혀 주는 것입니다.

2. 성막 건축을 위한 예물들을 살펴봅시다(35장4-9절).

성막 건축을 위한 예물에는 다음과 같습니다. 다만 하나님께 드리는
예물은 택함과 마음이 원하는 자로 말미암습니다.

택함

마음이 원하는 자

"너희의 소유 중에서 너희는 여호와께 드릴 것을 택하되 마음에 원
하는 자는 누구든지 그것을 가져다가 여호와께 드릴지니 곧 금과 은과

놋과 청색 자색 홍색 실과 가는 베 실과 염소 털과 붉은 물 들인 숫양의 가죽과 해달의 가죽과 조각목과 등유와 및 관유에 드는 향품과 분향할 향을 만드는 향품과 호마노며 에봇과 흉패에 물릴 보석이니라"(5-9절)

3. 건축 기술자들을 부름과 만들어야 할 성막의 기구들에 관하여 살펴봅시다(35장10-19절).

성막 건축에 필요한 예물에 이어 성막을 건축할 기술자들을 부름과 더불어 성막 건축의 구체적인 기구들을 전합니다.

마음이 지혜로운 자

"무릇 너희 중 마음이 지혜로운 자는 와서 여호와께서 명령하신 것을 다 만들지니 곧 성막과 천막과 그 덮개와 그 갈고리와 그 널판과 그 띠와 그 기둥과 그 받침과 증거궤와 그 채와 속죄소와 그 가리는 휘장과 상과 그 채와 그 모든 기구와 진설병과 불켜는 등잔대와 그 기구와 그 등잔과 등유와 분향단과 그 채와 관유와 분향할 향품과 성막 문의 휘장과 번제단과 그 놋 그물과 그 채와 그 모든 기구와 물두멍과 그 받침과 뜰의 포장과 그 기둥과 그 받침과 뜰 문의 휘장과 장막 말뚝과 뜰의 말뚝과 그 줄과 성소에서 섬기기 위하여 정교하게 만든 옷 곧 제사 직분을 행할 때에 입는 제사장 아론의 거룩한 옷과 그의 아들들의 옷이니라"(10-19절)

4. 백성들의 자원된 예물에 관하여 살펴봅시다(35장20-29절).

마음이 감동된 모든 자
자원하는 모든 자

"이스라엘 자손의 온 회중이 모세 앞에서 물러갔더니 마음이 감동된
모든 자와 자원하는 모든 자가 와서 회막을 짓기 위하여 그 속에서 쓸
모든 것을 위하여, 거룩한 옷을 위하여 예물을 가져다가 여호와께 드렸
으니 곧 마음에 원하는 남녀가 와서 팔찌와 귀고리와 가락지와 목걸이
와 여러 가지 금품을 가져다가 사람마다 여호와께 금 예물을 드렸으며
무릇 청색 자색 홍색 실과 가는 베 실과 염소 털과 붉은 물 들인 숫양의
가죽과 해달의 가죽이 있는 자도 가져왔으며 은과 놋으로 예물을 삼는
모든 자가 가져다가 여호와께 드렸으며 섬기는 일에 소용되는 조각목
이 있는 모든 자는 가져왔으며 마음이 슬기로운 모든 여인은 손수 실을
빼고 그 뺀 청색 자색 홍색 실과 가는 베 실을 가져왔으며 마음에 감동
을 받아 슬기로운 모든 여인은 염소 털로 실을 뽑았으며 모든 족장은 호
마노와 및 에봇과 흉패에 물릴 보석을 가져왔으며 등불과 관유와 분향
할 향에 소용되는 기름과 향품을 가져왔으니 마음에 자원하는 남녀는
누구나 여호와께서 모세의 손을 빌어 명령하신 모든 것을 만들기 위하
여 물품을 드렸으니 이것이 이스라엘 자손이 여호와께 자원하여 드린
예물이니라"(20-29절)

5. 성막 건축의 주역들에 관하여 살펴봅시다(35장30-36장1절).

하나님의 영의 충만한 자

지혜와 총명과 지식

"모세가 이스라엘 자손에게 이르되 볼지어다 여호와께서 유다 지파 훌의 손자요 우리의 아들인 브살렐을 지명하여 부르시고 하나님의 영을 그에게 충만하게 하여 지혜와 총명과 지식으로 여러 가지 일을 하게 하시되 금과 은과 놋으로 제작하는 기술을 고안하게 하시며 보석을 깎아 물리며 나무를 새기는 여러 가지 정교한 일을 하게 하셨고 또 그와 단 지파 아히사막의 아들 오홀리압을 감동시키사 가르치게 하시며 지혜로운 마음을 그들에게 충만하게 하사 여러 가지 일을 하게 하시되 조각하는 일과 세공하는 일과 청색 자색 홍색 실과 가는 베 실로 수 놓는 일과 짜는 일과 그 외에 여러 가지 일을 하게 하시고 정교한 일을 고안하게 하셨느니라 브살렐과 오홀리압과 및 마음이 지혜로운 사람 곧 여호와께서 지혜와 총명을 부으사 성소에 쓸 모든 일을 할 줄 알게 하신 자들은 모두 여호와께서 명령하신 대로 할 것이니라"(35장30-36장1절)

6. 성막 건축의 애로사항은 무엇이었습니까?(36장2-7절)

성막 건축의 애로사항은 사람들이 성막 건축의 필요 이상으로 너무 많은 것들을 가져왔기 때문입니다. 모세는 명령을 내려 무론 남녀하고 성소에 드릴 예물을 다시 만들지 말라 하였습니다. 이에 백성이 가져 오기를 그치니 있는 재료가 모든 일을 하기에 넉넉하여 남음이 있었습니다.

7. 성막 건축의 내용을 살펴봅시다.
1) 성막의 제 1 성막(36장8-13절, 참고: 출 26장1-6절)

2) 성막의 제 2-4 성막(36장14-19절, 참고: 출 26장7-14절)

3) 성막의 널판과 은받침(36장20-30절, 참고: 출 26장15-25절)

4) 널판 띠(36장31-34절, 참고: 출 26장26-30절)

5) 성막 휘장과 기둥(36장35-38절, 참고:출 26장31-33절)

6) 법궤 제작(37장1-5절, 참고: 출 25장1-16절)

7) 속죄소 제작(37장6-9절, 참고: 출 25장17-22절)

8) 진설병 상 제작(37장10-16절, 참고: 출 25장23-30절)

9) 등대 제작(37장17-24절, 참고: 출 25장31-40절)

10) 분향단 제작(37장25-28절, 참고: 출 30장1-5절)

11) 관유와 향(37장29절, 참고: 출 30장22-38절)

12) 번제단 제작(38장1-7절, 참고: 출 27장1-8절)

13) 물두멍 제작(38장8절, 참고: 출 30장17-21절)

14) 성막 뜰 축조(38장9-20절, 참고: 출 27장9-19절)

15) 성막 건축의 직능자들(38장21-23절)

"성막 곧 증거막을 위하여 레위 사람이 쓴 재료의 물목은 제사장 아론의 아들 이다말이 모세의 명령대로 계산하였으며 유다 지파 훌의 손자요 우리의 아들인 브살렐은 여호와께서 모세에게 명령하신 모든 것을 만들었고 단 지파 아히사막의 아들 오홀리압이 그와 함께 하였으니 오홀리압은 재능이 있어서 조각하며 또 청색 자색 홍색 실과 가는 베 실로 수 놓은 자더라"(21-23절)

16) 성소 건축 비용 총계(38장24-31절)
   ① 성소 건축 비용으로 들인 금: 성소의 세겔로 29달란트 730세겔
   ② 계수된 회중이 드린 은: 성소의 세겔로 100달란트 1775세겔
   ③ 계수된 회중: 20세 이상으로 60만 3550명

④ 한 사람의 속전: 성소의 세겔로 각 사람이 은 한 베가 곧 반 세겔

⑤ 계수된 회중이 드린 은의 사용: 은 100달란트로 성소의 받침과 휘장 문의 기둥 받침을 모두 백 개를 부어 만들었으니 각 받침마다 한 달란트씩 모두 100달란트가 됨. 또한 1775세겔로 기둥 갈고리를 만들고 기둥 머리를 싸고 기둥 가름대를 만듦

⑥ 드린 놋: 70 달란트 2400세겔, 이것으로 회막 문 기둥 받침과 놋 제단과 놋 그물과 제단의 모든 기구를 만들었으며 뜰 주위의 기둥 받침과 그 휘장 문의 기둥 받침이며 성막의 모든 말뚝과 뜰 주위의 모든 말뚝을 만듦.

17) 제사장의 성의(39장1절, 참고: 출 28장1-3절)

18) 에봇과 기념 보석(39장2-7절, 참고: 출 28장6-14절)

19) 흉패와 열 두 보석(39장8-21절, 참고: 출 28장15-28절)

20) 에봇 받침 긴 옷(39장22-26절, 참고: 출 28장31-35절)

21) 기타 제반 제사장 의복들(39장27-31절, 참고: 출 28장36-43절)

22) 완성된 성막 기구들과 제사장 성의(39장32-43절)

8. 성막 봉헌식을 살펴봅시다(40장1-38절).

1) 성막 봉헌식을 위한 준비를 살펴봅시다(1-11절)

2) 제사장직을 위한 성결식을 살펴봅시다(12-16절)

3) 성막이 세워진 것은 언제입니까?(2, 17절)

　성막은 출애굽 2년 정월 초일일에 세워졌습니다.

4) 필역된 성막 건축사업을 살펴봅시다(17-33절).

5) 성막에 임한 여호와의 영광을 살펴봅시다(34-38절).

　구름이 회막에 덮이고 여호와의 영광이 성막에 충만하여 모세조차 회막에 들어갈 수 없었습니다. 구름이 성막 위에서 떠오를 때에는 이스라엘 자손이 그 모든 행진하는 길에 앞으로 나아갔고 구름이 떠오르지 않을 때에는 떠오르는 날까지 나아가지 않았습니다. 이스라엘의 온 족속이 낮에는 여호와의 구름이 성막 위에 있고 밤에는 불이 그 구름 가운데 있음을 그 모든 행진하는 길에서 그들의 눈으로 보았습니다.

9. 성막 예배에 관하여 연구하여 봅시다[17].

　구약의 예배는 성막에 들어가는 행위였습니다. 성막은 출애굽기 전

체에서 드러난 구원 과정과 동일합니다. 성막 예배란 매일 하나님의 임재 안으로 들어가는 자기 경영이며, 영성 훈련입니다.

1) 성막 예배 1- 구원의 문

구원의 문은 은혜를 말합니다. 바로 하나님께서 나를 찾아오신 사건, 그것이 바로 은혜입니다. 구약시대와 달리 예수님이 십자가에 달린 이후 우리에게는 예배드리는 원리가 새롭게 생겼습니다. 그것은 내 존재 안에 문이 있고, 내 안에 번제단과 물두멍과 떡상이 있다는 것입니다. 그래서 내가 하나님의 성전이 되어 하나님께서 내 안에 사시고, 내 안에 하나님의 성전이 지어집니다.

2) 성막 예배 2- 번제단, 물두멍

구원의 문에 들어선 사람은 뜰로 나아가야 합니다. 뜰은 죄를 버리고 자기를 버리는 장소입니다. 뜰에 있는 번제단에서는 방향을 돌이키고, 물두멍에서는 자기를 부인하여 자신을 내려 놓아야 합니다. 내가 주님 안에 들어가고, 주님이 내 안에 오시고, 내가 주님께 발견되는 삶을 살기 위해서 이전에 가치 있던 것, 유익했던 것까지도 다 배설물로, 심지어 해로 여겨야 합니다. 이것은 물두멍, 자기 부인을 의미합니다.

3) 성막 예배 3- 떡상, 금 등잔대, 향단

이제 성소에 들어가 말씀으로 비운 곳을 채워 넣어야 합니다. 떡상으로 가서 말씀을 받습니다. 등잔대에 가면 성령의 이끄심을 통해서 조망을 받습니다. 성령의 등잔대는 죄를 들추어내고 어두움에서 밝은 곳으로 인도하는 지표가 됩니다. 성령이 이끄시는 곳으로 나아가면 하나님과 만나는 향단으로 향하게 됩니다. 향단에 나아가면 하나님을 존중하는 예배를 드립니다. 하나님을 높이고, 그 분을 영화롭게 하고, 하나님 나라를 위해서 살기로 결단하는 예배를 드립니다. 이와 같이 공급을 받고 그리스도로 채워지게 되면 이제 지성소 안에 들어갑니다.

4) 성막 예배 4-지성소

지성소는 하나님을 만나는 장소, 그 영광으로 변화되는 장소입니다. 지성소에서 그 분의 임재 안으로 들어가는 것을 경험하고, 언약궤 앞에 서서 그분의 스피릿을 느낍니다. 언약궤에서 그분의 스피릿으로 채워져 그 영광의 얼굴로 나오게 됩니다. 언약궤 안에는 감춰진 만나와 아론의 싹이 난 지팡이와 언약의 두 돌판들이 들어 있습니다. 그것은 곧 하나님의 정신을 말합니다. 그 정신으로 내가 채워져서 성막 안에서 나올 때는 하나님의 철학과 사상, 하나님의 인격, 하나님의 성품, 하나님의 언어, 하나님의 얼굴로 나옵니다. 그리하여 사람들을 만날 때 하나님의 언어로 사람들을 격려하고, 하나님의 마음을 가지고 영혼들을 품게 됩니다. 제사장으로 세워지게 됩니다.

묵상

01 하나님의 일을 하는 사람들의 종류를 나누어봅시다.

02 이스라엘이 하나님께 봉헌함에 관하여 살펴봅시다.

03 25-31장의 내용이 35-39장에서 반복됨이 갖는 의의는 무엇입니까?

되새김

출애굽기의 주 내용은 단순히 저들이 애굽에서 나온 것에 있지 않고 오히려 시내 산에서 하나님의 언약의 백성 됨에 있습니다. 출애굽기는 저들이 애굽으로 나옴으로부터 시작하나 시내 산에서 성막을 만들고 여호와의 영광의 임재를 경험하는 것으로 마치고 있습니다. 우리의 신앙은 단순히 죄와 세상으로부터 나오는 것에 의의가 있는 것이 아니라 하나님의 언약의 백성이 되고 하나님의 임재 속에 거함에 목적이 있는 것입니다. 이제 출애굽기는 다음의 책인 레위기를 위한 하나의 준비의 책이 됩니다. 하나님의 임재는 하나님께 예배하는 예배공동체로서의 하나님의 백성들의 정체성을 가르쳐주는 것입니다.

참고도서

- Childs, Brevard S. 『The Book of Exodus: A Critical, Theological
- Commentary』. Philadelphia: Westminster, 1974.
- Currid, 『Ancient Egypt and the Old Testament』. Grand Rapid: Baker Books, 1997.
- Durham, J. I. 『WBC 성경주석: 출애굽기』. 서울: 솔로몬, 2000.
- Noth, M. 『Old Testament Library: Exodus』. Philadelphia: Westminster, 1962.
- Dozeman, Thomas. B. 『Exodus: Eerdmans Critical Commentary』. Grand Rapid: Eerdmans, 2009.
- Machintosh, C. H. 『출애굽기』. 서울: 생명의 말씀사, 1999.
- Fretheim, Terence E. 『현대성서주석: 출애굽기』. 서울: 한국장로교출판사, 2001.
- Gowan, D. E. 『Theology in Exodus: Biblical Theology in the Form of a Commentary』. Philadelphia: Westminster, 1994.
- Aling, Charles F. 『이집트와 성경 역사』. 서울: 기독교 문서 선교회, 2010.
- 이상근. 『출애굽기』. 서울: 성근사, 1990.
- 아더 핑크. 『출애굽기 (상)』. 서울: 엠마오, 1986.
- 아더 핑크. 『출애굽기 (하)』. 서울: 엠마오, 1986.
- 박철현. 『출애굽기 산책』. 서울: 목양, 2011.
- 박호용. 『출애굽기 주석』. 서울: 쿰란, 2011.
- 박승호. 『하나님의 구원 경영』. 서울: 한국장로교출판사, 2013.
- 홍정길. 『십계명 강해』. 서울: 크리스챤서적, 2004.

출애굽기

저자 _ **임경묵** 목사

연세대학교 신학과 졸업

장로회신학대학교 신대원 졸업(M.Div.)

장로회신학대학교 대학원 졸업(Th.M.)

현) 주향교회 담임목사

주소 _ 인천광역시 서구 도요지로 240 3층(검암동)

032) 574-8291